BISTROKÜCHE

Typisch französisch

BISTROKÜCHE

Typisch französisch

John Varnom

BELLAVISTA

A QUANTUM BOOK

© für diese Lizenzausgabe: Bellavista,
ein Imprint der Verlag Karl Müller GmbH, Köln 2003
www.karl-mueller-verlag.de

© der Originalausgabe: Quintet Publishing Ltd
MCMLXXXVIII

Alle Rechte vorbehalten.
Kein Teil dieses Werkes darf ohne schriftliche Einwilligung des Verlages
in irgendeiner Form (Fotokopie, Mikrofilm oder ein anderes Verfahren)
reproduziert oder unter Verwendung elektronischer Systeme verarbeitet,
vervielfältigt oder verbreitet werden.

ISBN 3-89893-151-X

Dieses Buch wurde produziert von
Quantum Publishing Ltd
6 Blundell Street
London N7 9BH

Titel der englischen Originalausgabe: French Bistro Cooking

Übersetzung aus dem Englischen: Marohn Satz • Bild • Grafik, Dortmund

Printed in Singapore by
Star Standard Industries (Pte) Ltd

Hinweis:
Das vorliegende Buch ist sorgfältig erarbeitet worden. Dennoch erfolgen
alle Angaben ohne Gewähr. Autoren und Verlag bzw. dessen Beauftragte
können für eventuelle Personen-, Sach- oder Vermögensschäden keine
Haftung übernehmen.

Inhalt

EINLEITUNG 7

SUPPEN 8

KALTE UND WARME VORSPEISEN 18

FISCH UND FISCHSAUCEN 32

GEFLÜGELGERICHTE 44

FLEISCHGERICHTE 54

WILDGERICHTE 68

GEMÜSEGERICHTE 76

EIERSPEISEN, NUDEL- UND REISGERICHTE 92

NACHSPEISEN 102

GRUNDREZEPTE UND TECHNIKEN 114

SCHLUSSBEMERKUNG 125

REGISTER 126

FRANZÖSISCHE BISTRO-KÜCHE

Einleitung

Da der Titel dieses Buches „Französische Bistro-Küche" lautet, scheint die Frage angebracht, was eigentlich ein Bistro ist. „Eine einfache Frage", werden Sie sagen. Doch ganz so leicht ist die Sache nicht.

Vielleicht sollten wir zunächst mit ein wenig Geschichte und Etymologie beginnen. Bistros entstanden in den vierziger Jahren in Paris. Gemeint waren damit Cafés, Imbisse oder sogar kleinere Restaurants, wobei man wissen sollte, daß man dort normalerweise nur Getränke serviert bekam.

Etymologisch gibt es für das Wort Bistro in der französischen Sprache mehrere mögliche Erklärungen. Das Wort bastringue heißt „kleiner Tanzsaal" — nicht unbedingt ein Platz zum Essen. Das Wort bistre bedeutet „chirurgisches Instrument".

Bistouiller heißt auf französisch „zusammenbrauen", was durchaus meinen kann, daß dabei schon mal ein ungenießbares Gebräu herauskommt.

Erstaunlicherweise ist das Wort Bistro jedoch wohl kein französisches, sondern ein russisches Wort und heißt „schnell". Es wird erzählt, daß die russischen Truppen, als sie um 1815 in Paris einzogen, so laut wie möglich „b-i-s-t-r-o" geschrien haben. Sie waren ausgehungert und wollten so schnell wie möglich ihren Hunger stillen.

Könnte es demnach also sein, daß ein Bistro eine Art französischer Schnellimbiß ist? Aber das ist wieder so eine trügerisch einfache Frage.

Einige Gerichte wie z.B. marinierte Miesmuscheln, gegrilltes Steak oder Pommes frites können schnell zubereitet werden. Auch sind wir uns alle einig, daß Schnecken ein typisches Schnellgericht für ein Bistro sind. Es stimmt: wenn alles gut vorbereitet ist, können sie innerhalb von zehn Minuten gebacken und serviert werden.

Der ausschlaggebende Punkt ist dabei die Vorbereitung. Wie das Rezept für Escargots à la Bourguignonne (Schnecken mit Knoblauch und Petersilienbutter) zeigt, erfordert ein solches Gericht mehrere Stunden oder gar Tage der Vorbereitung und Organisation. Unser Bistro-Koch macht genau das, was jeder gute Koch machen sollte: entsprechend vorbereiten, um die Gerichte so schnell wie möglich servieren zu können.

Wenn nun aber auch die Schnelligkeit nichts Bistro-Typisches ist, was ist es dann?

Einfachheit? Vielleicht sind Gerichte in einem Bistro schlichter als in anderen Restaurants? Aber wieviel schlichter? Sauce hollandaise, die nur aus Eigelb und Butter besteht, ist einfach herzustellen, und doch denken viele Hobbyköche, diese Sauce sei schwierig. Warum? Wahrscheinlich, weil man diese Sauce nicht mehr retten kann, wenn man einen Fehler begangen hat. Das Wort „einfach" bedeutet auch nicht, daß man keine Vorsicht walten lassen müßte. Jedes Gericht sollte mit Sorgfalt zubereitet werden, ganz gleich ob im Bistro, im Restaurant oder daheim.

Auch sollte die wirtschaftliche Seite berücksichtigt werden. Z.B. kann man Fleischreste für Suppen oder Eintöpfe benutzen und aus übriggebliebenem Gemüse Suppenfonds herstellen. Dies sollte jeder gute Koch wissen und praktizieren, denn gute, gebrauchsfähige Reste wegzuwerfen ist nicht fein, sondern höchstens verschwenderisch.

Wirtschaftliches Kochen ist vielmehr ein Markenzeichen für teure und gute Restaurants. Preiswertere Restaurants benutzen mit großer Wahrscheinlichkeit abgepackte Lebensmittel, zurechtgeschnittene oder gefrorene Steaks und Brühwürfel. Gute Restaurants lösen Knochen aus dem Fleisch, benutzen sie für Brühe, schlachten selbst und machen so einen deutlich besseren Schnitt.

Und dies führt uns zu den Kosten. Wir haben gesehen, daß Bistros weder schneller noch langsamer als andere Restaurants sind. Die Vorbereitungen richten sich nach der Tüchtigkeit des Kochs und nach der Verläßlichkeit der Geschäftsführung. So läuft es letztlich darauf hinaus, daß ein Bistro preiswerter und das Menü weniger aufwendig sein sollte als z.B. mit foie gras oder mit Trüffeln gespickte Gerichte.

Aber wie können wir von außen erkennen, ob es sich um ein Restaurant handelt oder um ein Bistro? Ganz einfach! Bistros sind Restaurants ohne Tischdecken!

Suppen

Überbackene Zwiebelsuppe 9

Dicke Karottensuppe à la Crécy 10

Dicke Bohnensuppe à la Soissons 11

Spargelsuppe 12

Brunnenkressecremesuppe 13

Sauerampfer- oder Spinatsuppe 13

Porree-Kartoffelsuppe 14

Champignoncremesuppe 15

Krabbencremesuppe 16

Provenzalische Fischsuppe 17

Überbackene Zwiebelsuppe
SOUPE À L'OIGNON GRATINÉE

FÜR 6 PERSONEN

Kochzeit: 20 Min.

ZUTATEN

100 g Butter

2 Knoblauchzehen, zerdrückt

1 kg Zwiebeln

70 g Mehl

2 $\frac{1}{4}$ l Wasser

6 Scheiben Weißbrot, ohne Kruste (am besten Baguette)

75 g Greyerzer, gerieben

Salz und Pfeffer

ZUBEREITUNG

▩ Zwiebeln in Ringe schneiden. Butter bei mittlerer Hitze im Topf zerlassen. Zwiebeln und Knoblauch darin hellgelb rösten. Mit Mehl bestäuben und goldbraun rösten.

▩ Heißes Wasser zufügen, mit Salz und Pfeffer abschmecken und bei großer Hitze die Zwiebeln weich kochen. Eventuell Fett abschöpfen.

▩ Weißbrotscheiben auf 6 Teller verteilen und mit Käse bestreuen. Die kochende Suppe über die Weißbrotscheiben gießen. 5-6 Minuten ruhen lassen.

TIP VOM KOCH

Als Variante kann man diese leckere, aber einfache Suppe auch mit Sherry oder Weinbrand verfeinern oder statt Wasser Brühe verwenden. Bei aromatischen Zwiebeln ist dies aber nicht unbedingt nötig. Wenn man anstelle der Teller feuerfeste Portionsschüsseln verwendet, kann man Brot und Käse oben auf die Suppe geben und das Ganze im Backofen bei starker Hitze überbacken.

FRANZÖSISCHE BISTRO-KÜCHE

Dicke Karottensuppe à la Crécy
SOUPE CRÉCY

FÜR 6 PERSONEN

Kochzeit: 1 1/2 Std.

ZUTATEN

100 g magerer Speck

1 mittelgroße Zwiebel

1 kg Karotten

2 1/4 l klare Brühe
(*siehe* Fleisch- und Fischbrühe)

120 ml Sahne

Salz und Pfeffer

ZUBEREITUNG

■ *Speck und Zwiebel würfeln und bei schwacher Hitze 10 Minuten dünsten. Karotten in dünne Scheiben schneiden.*

■ *Karotten in den Topf geben, zudecken und 10 Minuten bei schwacher Hitze kochen lassen.*

■ *Brühe dazugeben und eine Stunde simmern lassen.*

■ *Mischung durch ein Sieb passieren und wieder in den Topf geben. Sahne einrühren, mit Salz und Pfeffer abschmecken und sofort servieren.*

HINWEIS

„À la Crécy" ist in der französischen Küche fast gleichbedeutend mit Karotten. Crécy, ein Städtchen im Norden Frankreichs, ist mit seiner ländlichen Umgebung vor allem für Karottenanbau bekannt.

Dicke Bohnensuppe à la Soissons
POTAGE SOISSONAIS

FÜR 8 PERSONEN

Kochzeit: 1 1/2 - 2 Std.
Vorbereitung: 2 Std.

ZUTATEN

350 g weiße Bohnen, getrocknet

1 Zwiebel, grobgehackt

1 Karotte, grobgehackt

1 1/2 l Brühe
(*siehe* Fleisch- und Fischbrühe)

300 ml Milch

60 ml Sahne

4 EL Tomatenmark

50 g Butter

Salz und Pfeffer

ZUBEREITUNG

▪ *Die gewaschenen Bohnen 2 Stunden in Wasser einweichen.*
▪ *Zwiebel und Karotte hinzufügen und ca. 2 Stunden weich kochen. Durch ein feines Sieb passieren.*
▪ *Milch und Brühe einrühren und erneut aufkochen. Wenn die Suppe kocht, Sahne und Tomatenmark einrühren.*
▪ *Topf vom Herd nehmen, Butter zufügen, abschmecken und sofort servieren.*

TIP VOM KOCH

Beim Lesen der Suppenrezepte fällt Ihnen sicher auf, daß Butter oder Sahne immer erst im letzten Moment zugegeben werden. Wenn die Suppe nicht sofort serviert wird, Sahne oder Butter lieber weglassen. Nach längerer Ruhezeit wird Sahne sauer, und Butter zersetzt sich beim Wiedererhitzen.

Spargelsuppe
CRÈME D'ASPERGES

FÜR 6 PERSONEN

Kochzeit: 1 Std.

ZUTATEN

50 g Butter

80 g Mehl

1¼ l Brühe
(*siehe* Fleisch- und Fischbrühe)

450 g Spargel

150 ml Sahne

Salz und Pfeffer

ZUBEREITUNG

■ *Zunächst eine helle Mehlschwitze herstellen (siehe Helle Grundsaucen). Mit Brühe ablöschen und bei schwacher Hitze weiterkochen lassen.*

■ Spargelköpfe abschneiden und aufbewahren. Holzige Enden entfernen. Die übriggebliebenen Stengel schälen, in Stücke schneiden und zur Brühe geben.

■ *Die Suppe ca. 50 Minuten bei schwacher Hitze ziehen lassen. Dann pürieren und bei niedriger Hitze warm halten.*

■ *Die Spargelköpfe 5 Minuten in Salzwasser blanchieren.*

■ *Sahne unterrühren, abschmecken. Mit Spargelköpfen garnieren und heiß servieren.*

Brunnenkressecremesuppe
SOUPE CRESSONIÈRE

FÜR 6 PERSONEN

Kochzeit: 1 Std.

ZUTATEN

50 g Butter

100 g Zwiebeln, feingehackt

1 mittelgroße Porreestange (nur den weißen Teil verwenden)

1 kg Kartoffeln

2¼ l Brühe

4 Bund Brunnenkresse

150 ml Sahne

Salz und Pfeffer

ZUBEREITUNG

▪ Zwiebeln und Porree fein hacken und in der Butter dünsten, aber nicht braun rösten.

▪ Die Kartoffeln schälen, in Scheiben schneiden und mit der Brühe dazugeben. Aufkochen lassen. Eventuell Fett abschöpfen.

▪ Brunnenkresse zugeben und bei starker Hitze kochen lassen, bis die Kartoffeln zerkocht sind. Durch ein feines Sieb passieren und wieder zur Brühe geben.

▪ Wieder auf die Herdplatte stellen, Sahne unterrühren, abschmecken und sofort servieren.

Sauerampfer- oder Spinatsuppe
SOUPE À L'OSEILLE OU AUX ÉPINARDS

FÜR 6 PERSONEN

Kochzeit: 1 Std.

ZUTATEN

50 g Butter

1 Porreestange (nur den weißen Teil verwenden)

700 g Kartoffeln

2 l Brühe (siehe Fleisch und Fischbrühe)

225 g Sauerampfer oder Spinat, frisch oder gefroren

120 ml Sahne

Salz und Pfeffer

ZUBEREITUNG

▪ Butter bei schwacher Hitze im Topf zerlassen. Porreestange und Kartoffeln in Scheiben schneiden, hinzufügen und 10 Minuten dünsten. Die Brühe hinzufügen und das Gemüse langsam gar kochen.

▪ Sauerampfer oder Spinat fein hacken, in einen zweiten Topf geben und im eigenen Saft langsam gar kochen. Gelegentlich umrühren, um Ansetzen zu verhindern.

▪ Nach 10 Minuten Kochzeit Kartoffel- und Porreemischung beigeben, Fett eventuell abschöpfen, abschmecken und die Sahne unterrühren. Sofort servieren.

Porree-Kartoffelsuppe
POTAGE PARMENTIER

FÜR 6 PERSONEN

Kochzeit: 1 Std.

ZUTATEN

100 g Butter

3 mittelgroße Porreestangen, gewaschen und in Scheiben geschnitten

1 kg Kartoffeln, geschält und in Scheiben geschnitten

1¼ l Brühe (*siehe* Fleisch- und Fischbrühe)

120 ml Sahne

Salz und Pfeffer

2 Scheiben Brot, ohne Rinde

ZUBEREITUNG

▪ *Die Hälfte der Butter bei großer Hitze zerlassen, bis sie schaumig wird. Porree darin anbräunen und Kartoffeln hinzufügen. Salzen und pfeffern, Brühe hinzugießen und die Kartoffeln ohne Deckel langsam gar kochen.*

▪ *Gemüse durch ein feines Sieb rühren und wieder zur Brühe geben. Bei schwacher Hitze kochen lassen. Falls die Suppe zu dick wird, mit Wasser verdünnen.*

▪ *Die restliche Butter in einer Bratpfanne zerlassen, die gewürfelten Brotstücke darin goldbraun rösten und beiseite stellen.*

▪ *Sahne unterrühren und abschmecken. Mit den gebräunten Brotwürfeln (croûtons) die Suppe garnieren und sofort servieren.*

Champignoncremesuppe
CRÈME CAPUCINE OU CRÈME AUX CHAMPIGNONS

FÜR 6 PERSONEN

Kochzeit: 45 Min.

ZUTATEN

80 g Butter

65 g Mehl

1¼ l Brühe
(*siehe* Fleisch- und Fischbrühe)

Saft einer Zitrone

350 g frische Champignons

150 ml Sahne

Salz und Pfeffer

ZUBEREITUNG

▪ *Eine helle Grundsauce aus 50 g Butter, Mehl und Brühe herstellen* (siehe Helle Grundsaucen).
▪ *Die restliche Butter und den Zitronensaft in eine große Pfanne geben.*
▪ *Champignons waschen, fein hacken und in der Pfanne garen, bis die Flüssigkeit verdunstet ist.*
▪ *Champignons in die Sauce geben und bei schwacher Hitze 15 Minuten simmern lassen. Sahne einrühren, abschmecken und sofort servieren.*

NEBENBEI

Warum wird Champignoncremesuppe auch *Crème Capucine* genannt? Sicherlich nicht, weil das Habit der Kapuziner die gleiche braune Farbe aufweist, denn auch die klare Hühnersuppe ist als *Consommé Capucine* bekannt. Vielmehr ist „Capucine" das französische Wort für die Kapuzinerkresse, eine Blume, deren pfefferig schmeckende Blätter oft in Salaten verwendet werden.

Krabbencremesuppe
BISQUE DE CREVETTES

FÜR 6 PERSONEN

Kochzeit: 2 Std.

ZUTATEN

450 g Krabbenschalen (*siehe* S. 37: Garnelenspießchen)

80 g Butter

1 kleine Karotte

1 mittelgroße Zwiebel

1 Lorbeerblatt

4 EL Petersilie, feingehackt

60 ml Weinbrand

50 g Mehl

5 EL Tomatenmark

150 ml Sahne

ZUBEREITUNG

■ Krabbenschalen eine Stunde in $1^{1}/_{2}$ l ungesalzenem Wasser kochen.
■ Butter in einem 2 l fassenden Topf bei schwacher Hitze zerlassen. Die feingehackte Karotte, die feingehackte Zwiebel, sowie Lorbeerblatt und Petersilie dazugeben und 10 Minuten dünsten. Weinbrand hineingießen und Topf von der Herdplatte nehmen.
■ Nach 1 Stunde die Krabbenschalen abgießen, Flüssigkeit auffangen und mit Wasser zu einer Gesamtmenge von $1^{1}/_{4}$ l auffüllen.
■ Mehl in die Butter- und Gemüsemischung einrühren und 3-4 Minuten bei schwacher Hitze aufkochen lassen. Die Krabbenflüssigkeit langsam hineingießen und zum Kochen bringen.
■ Tomatenmark einrühren, Mischung durch ein Sieb streichen und wieder erhitzen, Sahne zugeben und sofort servieren.

TIP VOM KOCH

Diese Suppe schmeckt auch ohne Salz. Falls Sie es lästig finden, Krabbenschalen zu sammeln, stellen Sie den Sud immer gleich her, wenn Sie Krabben gegessen haben, und bewahren ihn in eingekochter, konzentrierter Form auf.

Provenzalische Fischsuppe
SOUPE DE POISSON PROVENÇALE

FÜR 6 PERSONEN
Kochzeit: 1 Std.

ZUTATEN

450 g Weißfischreste

1 große Zwiebel

2 EL Petersilie, feingehackt

2 Lorbeerblätter

Saft einer Zitrone

10 weiße Pfefferkörner

175 g Tomatenmark

2 EL Paprika

1 Prise Safran oder Kurkuma

150 ml Weißwein

Salz und Pfeffer

ZUBEREITUNG

■ Den Fisch, die geschälte und halbierte Zwiebel, Petersilie, Lorbeerblatt, Zitronensaft und Weißwein in $2^{1}/_{4}$ l Wasser zum Kochen bringen und bei schwacher Hitze 25–30 Minuten simmern lassen.

■ Pfefferkörner dazugeben und 5 Minuten ruhen lassen. Durch ein Sieb streichen und die Brühe wieder aufkochen.

■ Tomatenmark, Paprika, Safran oder Kurkuma hineinrühren, die Menge um ein Drittel reduzieren und abschmecken. Diese Suppe kann im voraus gekocht und aufgewärmt werden. Der Geschmack entfaltet sich bei längerer Ruhezeit sogar noch besser.

TIP VOM KOCH

Diese Suppe wird traditionell mit drei verschiedenen Beilagen serviert: *Rouille*, eine Mayonnaise, die mit Cayennepfeffer und Knoblauch gewürzt und mit Paprika gefärbt wird (*siehe* Mayonnaise), getoastetes Baguette und Greyerzer. Für die zwei letzten Beilagen habe ich leider kein Rezept für Sie, aber zur Entschädigung eine Weinempfehlung: gekühlter Rosé, vorzugsweise aus der Provence.

Kalte und warme Vorspeisen

Salat nach Nizzaer Art 19

Sommergemüse auf griechische Art 20

Lachsmousse in Gelee 21

Schweineleberterrine mit Weinbrand 22

Hühnerleber in Aspik 24

Warmer Enten- und Hühnermignonsalat 24

Warmer Mais mit Hühnerleber 25

Weinbergschnecken mit Knoblauch- und Petersilienbutter 26

Weinbergschnecken in Blätterteig 27

Pochiertes Bries im Zwiebelmantel 28

Miesmuscheln in Weißwein mit Petersilie und Schalotten 30

Sautierte Froschschenkel mit Petersilie, Butter und Zitronensaft 31

Porreetorte 31

Salat nach Nizzaer Art
SALADE NIÇOISE

FÜR 6 PERSONEN
Vorbereitung: 30 Min.
ZUTATEN
450 g Kartoffeln
450 g Brechbohnen
4 mittelgroße Tomaten
6 Sardellenfilets
12 grüne Oliven, entkernt
3 Eier, hartgekocht
300 ml Vinaigrette (siehe Vinaigrette)

ZUBEREITUNG

▪ Kartoffeln gründlich abwaschen und mit der Schale in Salzwasser gar kochen, aber nicht zu weich werden lassen; abgießen, Schale abziehen und würfeln.
▪ Bohnen in Salzwasser garen, abgießen und abkühlen lassen.
▪ Gemüse in eine Schüssel geben und die Vinaigrette unterrühren.
▪ Tomaten und Eier vierteln, Oliven halbieren und zusammen mit den Sardellenfilets zum Salat geben.
Der Salat kann auch mit gebratenem Thunfisch, frisch oder in Öl, garniert werden.
▪ Als Getränk wird ein gut gekühlter französischer Rosé empfohlen, vorzugsweise aus der Provence, wo der beste französische Rosé herkommt.

TIP VOM KOCH
Die Kartoffeln sollten noch warm sein, wenn die Vinaigrette dazugegeben wird. Sie kann so besser einziehen als bei kalten Kartoffeln.

Sommergemüse auf griechische Art
LÉGUMES À LA GRECQUE

FÜR 2-22 PERSONEN
Kochzeit: 20 Min.
ZUTATEN
150 ml trockener Weißwein
50 ml Olivenöl
1 Zweig Petersilie, feingehackt
150 ml Wasser
Saft einer Zitrone
1 Lorbeerblatt
6 schwarze Pfefferkörner
Salz zum Abschmecken
Verschiedene frische Gemüse

ZUBEREITUNG

■ *Gemüse Ihrer Wahl blanchieren und marinieren (siehe Tip vom Koch)*

BLANCHIER-TABELLE		
Spargel	Köpfe (Spitzen)	8 Minuten
Auberginen	nicht verwenden	
Brokkoli	Röschen	2 Minuten
Karotten	Stifte	3 Minuten
Blumenkohl	Röschen	4 Minuten
Zucchini	Stückchen	nicht blanchieren
Fenchel	gewürfelt	6 Minuten
Grüne Bohnen	ganz	5 Minuten
Zuckererbsen	ganz	1 Minute
Champignons	in Scheiben geschnitten	nicht blanchieren
Zwiebeln	in Scheiben geschnitten	4 Minuten
Paprikaschoten	in Scheiben geschnitten	4 Minuten
Wurzelgemüse	in kleinen Würfeln	4 Minuten

TIP VOM KOCH

Fast alle Gemüsearten eignen sich für diesen Salat. Eine Ausnahme machen nur alle Kohlsorten oder stark farbige Gemüsesorten wie z.B. rote Bete.

Blanchieren bedeutet: in Salzwasser kurz aufkochen.

KALTE UND WARME VORSPEISEN

Lachsmousse in Gelee
MOUSSE DE SAUMON EN CHAUD-FROID

FÜR 4 PERSONEN

Kochzeit: 12-15 Min.
Ruhezeit: 1 Std.

ZUTATEN

350 g Lachs, entgrätet und enthäutet

300 ml Sahne

12 Zweige frischer Dill oder Basilikum

Salz und grobgemahlener schwarzer Pfeffer

Cayennepfeffer

300 ml Fischvelouté oder 300 ml Béchamelsauce (*siehe* Helle Grundsaucen)

150 ml Aspik (*siehe* Aspik und Gelee)

50 g Butter

ZUBEREITUNG

- *Lachs in der Küchenmaschine zu einer feinen Paste verarbeiten. Sahne schlagen und unterziehen.*
- *Basilikum oder Dill fein hacken und zum Lachs geben. Gut mit Salz, Pfeffer und Cayennepfeffer würzen und abschmecken.*
- *4 Förmchen mit geschmolzener Butter bestreichen und die Lachsmischung gleichmäßig darin verteilen.*
- *Die gefüllten Förmchen in einen großen, mit kochendem Wasser gefüllten Tiegel stellen. Sie müssen 1 cm aus dem Wasser herausragen. Dann gut verschließen.*
- *12-15 Minuten vorsichtig pochieren, ohne daß das Wasser in die Fischmischung überkocht. Der Fisch ist gar, wenn sich die Mousse vom Rand der Förmchen abhebt.*
- *Lachsmousse aus den Förmchen entfernen und kühl stellen.*

BESCHICHTUNG MIT DEM GELEE:
- *Béchamelsauce oder Fischvelouté herstellen und kurz vor dem Aufkochen den steifen Aspik hineinrühren. Stark mit Salz, Pfeffer und Cayennepfeffer würzen und abkühlen lassen, bis das Gelee lauwarm ist.*
- *Mit einem Backpinsel das Gelee lagenweise auf die abgekühlte Lachsmousse streichen. Wenn die Lachsmousse kühl genug ist und die Geleeschichten dünn genug aufgetragen wurden, sollte das Gelee sofort hart werden. Lachs vollständig mit Gelee bestreichen.*
- *Nach der letzten Lage jede der 4 Portionen mit einem Basilikumblatt oder Dill garnieren.*

TIP VOM KOCH

Wenn die Mengenangaben befolgt wurden und das Gelee trotzdem nicht fest wird, war die Mousse entweder nicht genug abgekühlt oder das Gelee nicht lauwarm, oder die Lagen wurden zu dick aufgetragen, oder beides.

Prinzipiell können alle Arten Fisch und weißes Fleisch zu Paste verarbeitet und pochiert werden.

Hinweis: Beim Würzen sollte beachtet werden, daß abgekühlte Gerichte an Geschmack verlieren, darum stark würzen.

Schweineleberterrine mit Weinbrand
TERRINE DE FOIE DE PORC

FÜR 6 PERSONEN

Kochzeit: 1¼ Std.
Temperatur: 175 °C

ZUTATEN

225 g Schweineleber

100 g Speck, ungeräuchert

100 g Weißbrot, ohne Rinde und in kleine Stücke geschnitten

150 ml Milch

1 große Zwiebel

2 Eier

je 1 TL Petersilie, feingehackt, Thymian, getrocknet und Majoran, getrocknet

60 ml Weinbrand

ZUBEREITUNG

- *Backofen vorheizen. Leber und Speck durch die feine Scheibe des Fleischwolfs drehen.*
- *Während die Zwiebel in Salzwasser weich kocht, Brot in Milch einweichen. Zwiebel und Brot mischen und zur Fleischmasse geben.*
- *Mischung in eine Schüssel gießen, 2 Eier unterschlagen, Kräuter und Weinbrand zufügen.*
- *In eine Form umfüllen und gut verschlossen im Wasserbad im vorgeheizten Backofen garen lassen.*
- *Eine festere Masse erhält man, wenn man die Terrine nach dem Garen ca. 10 Minuten ruhen läßt. Danach die Fleischoberfläche ca. 30 Sekunden beschweren, um die Terrine zusammenzudrücken.*
- *Dann gut abkühlen lassen. Wenn sie nicht sofort serviert wird, Form stürzen und die Terrine in Klarsichtfolie wickeln.*

TIP VOM KOCH

Zu viele Köche/innen lassen sich grundlos vom Herstellen einer Pastete oder Terrine abschrecken. Dabei kann man auf diese Weise sehr gut Reste auf leckere Art verwerten. Drei Dinge müssen dabei allerdings beachtet werden:

- Terrinen sind lediglich eine Mischung aus feingehackten Lebensmitteln, die meist mit Ei gebunden werden.

- Da Terrinen und Pasteten meist kalt serviert werden, müssen sie stärker gewürzt werden (*siehe* Tip vom Koch für Lachsmousse).

- Sie werden grundsätzlich langsam im Wasserbad gegart. Sollte kein Platz im Backofen sein, können sie auch auf der Herdplatte zubereitet werden.

Hühnerleber in Aspik
LES FOIES DE VOLAILLE EN GELÉE

FÜR 6 PERSONEN

Kochzeit: 2-3 Std.

ZUTATEN

50 g Butter

2 Knoblauchzehen, zerdrückt

2 Zweige Petersilie, feingehackt

1 kleine Zwiebel, feingehackt

6 Stück Hühnerleber

150 ml trockener Weißwein

450 ml Brühe
(*siehe* Fleisch- und Fischbrühe)
oder
1 Brühwürfel, in 450 ml Wasser aufgelöst

8 Blätter Gelatine

ZUBEREITUNG

■ *Butter in einer Bratpfanne zerlassen und bei schwacher Hitze Knoblauch und Petersilie darin dünsten.*
■ *Bei stärkerer Hitze die Zwiebeln hinzufügen. Sobald die Zwiebeln anfangen zu zischen, die Hühnerleber darin anbraten.*
■ *Herdplatte wieder auf mittlere Hitze schalten und die Leber 3 Minuten von jeder Seite sautieren. Fett abgießen und Leber, Zwiebeln, Petersilie und Knoblauch auf eine Platte legen.*
■ *Aspik aus Gelatine, Weißwein und Brühe herstellen (siehe Aspik und Gelee).*
■ *Die Leber auf dem Boden einer Terrine verteilen. Als Alternative kann die Leber auch in 6 Förmchen verteilt werden, die zweimal so groß wie die Leberstücke sein sollten.*
■ *Petersilie, Knoblauch und Zwiebeln gleichmäßig darüber verteilen und die Leber völlig mit Aspikflüssigkeit bedecken. 2-3 Stunden kalt stellen, bis das Aspik erstarrt ist.*

TIP VOM KOCH

Aspik läßt sich leicht stürzen, wenn man die Form kurz in heißes Wasser taucht, bis sich die äußere Aspikschicht löst.

Warmer Enten- und Hühnermignonsalat
SALADE TIÈDE DES MIGNONS DE VOLAILLE ET DE CANARD

FÜR 4 PERSONEN

Kochzeit: 5 Min.

ZUTATEN

75 ml Walnußöl

30 g Butter

Je 8 Enten- und Hühnermignons, vom Knochen gelöst
(*siehe* Entbeinen und Tranchieren)

4 TL grüne Pfefferkörner

1 Friséesalat

1 Radicchio

2 mittelgroße Köpfe Endiviensalat

75 ml Vinaigrette
(*siehe* Vinaigrette)

Salz und Pfeffer

ZUBEREITUNG

■ *Öl und Butter bei großer Hitze in einer Bratpfanne zerlassen, die Mignons darin von jeder Seite 2$^1/_2$ Minuten anbraten und die Pfefferkörner hinzugeben. Die Pfanne vom Herd nehmen. Warm halten.*
■ *Friséesalat und Radicchio in der Mitte von 4 Tellern verteilen, die Endivienblätter gefächert darum legen und mit Salz und Pfeffer würzen.*
■ *Vinaigrette in die noch warme Pfanne gießen und damit den Bratfond lösen. 4 Mignons auf jeden Salatteller legen und die Vinaigrette mit dem Bratfond vermischt gleichmäßig auf die Teller verteilen. Dies ist ein klassisches, leckeres Gericht – und fast umsonst, wenn man in der Küche gut und umsichtig gewirtschaftet hat.*

KALTE UND WARME VORSPEISEN

Warmer Mais mit Hühnerleber
SALADE TIÈDE BRESSANE

FÜR 4 PERSONEN
Kochzeit: 5 Min.
ZUTATEN
75 ml Walnußöl
30 g Butter
8 Stück Hühnerleber
100 g Mais
1 Friséesalat
1 Radicchio
75 ml Vinaigrette (*siehe* Vinaigrette)
Salz und Pfeffer

ZUBEREITUNG

▪ *Butter und Öl bei großer Hitze in einer Bratpfanne erhitzen. Hühnerleber darin von beiden Seite 3 Minuten anbraten. Mais hinzufügen und Pfanne von der Herdplatte nehmen.*

▪ *Auf 4 Tellern die Salatblätter hübsch anrichten und leicht mit Salz und Pfeffer würzen.*

▪ *Vinaigrette in die noch warme Pfanne gießen und den Bratfond damit lösen. Je 2 Stückchen Hühnerleber auf die Salatteller legen, die Sauce gleichmäßig darüber verteilen und mit dem Mais garnieren. Sofort servieren.*

Weinbergschnecken mit Knoblauch- und Petersilienbutter
ESCARGOTS À LA BOURGUIGNONNE

**FÜR 4 PERSONEN
(JE 1 DUTZEND)**

Kochzeit: 5-6 Min.
Temperatur: 200 °C

ZUTATEN

225 g Butter

5 EL Knoblauch, feingehackt

2 EL Petersilie, gehackt

2 kleine Schalotten, gewürfelt

Salz und Pfeffer

48 Weinbergschnecken aus der Dose (*siehe* Tip vom Koch)

ZUBEREITUNG

■ Backofen vorheizen. Butter bei Zimmertemperatur anwärmen, anschließend weich kneten, aber nicht schmelzen lassen.
■ Knoblauch, Petersilie, Schalotten, Salz und Pfeffer hinzufügen und gut vermischen.
■ Die konservierten Schnecken in die Häuschen stecken und Öffnungen mit der Butter zustreichen.
■ Mit der Öffnung nach oben aufstellen, damit die Butter nicht herausfließen kann, im Backofen erhitzen, bis die Butter geschmolzen ist. Sofort servieren.
■ Wenn frische Schnecken verwendet werden, sollten sie wie folgt zubereitet werden:
■ Lebende Schnecken ca. 3 Wochen vorher aushungern lassen oder 24 Stunden mit grobem Salz bedecken.
■ Mit viel Wasser und Essig abwaschen. 10 Minuten blanchieren und in kaltem Wasser abkühlen lassen.
■ Schnecken aus den Häuschen nehmen und die schwarzen Enden abschneiden.
■ 3-4 Stunden in Bouillon (siehe *Sud zum Pochieren*) kochen lassen. Inzwischen die Häuschen abgießen, säubern und gut abtrocknen. Dann nach obigem Rezept weiterverfahren.

TIP VOM KOCH:

Heutzutage werden konservierte Schnecken in hübschen Verpackungen verkauft. Es ist sparsamer, 2-3 dieser Packungen zu kaufen und die Gehäuse aufzubewahren.

Die Gehäuse haben eine längere Lebensdauer als ihre Bewohner, vor allem, wenn letztere am Knoblauch ersticken.

Doch wenn Sie selber auf Schneckensuche gehen möchten, kann Sie niemand davon abhalten, das Rezept wie angegeben auszuprobieren.

Die Kombination Butter-Knoblauch-Petersilie paßt auch zu vielen anderen Gerichten.

KALTE UND WARME VORSPEISEN

Weinbergschnecken in Blätterteig
ESCARGOTS À LA CHABLISIENNE EN FEUILLETÉ

FÜR 4 PERSONEN

Kochzeit: 30 Min.
Teig: 8-10 Min.
Temperatur: 175 °C

ZUTATEN

300 g Blätterteig
(*siehe* Teigherstellung)

2 Eigelb

3 EL Schalotten,
feingehackt

300 ml trockener Weißwein

120 ml Fleischbrühe
(*siehe* Fleisch- und Fischbrühe) oder gleiche Menge von 1 Brühwürfel

24 Weinbergschnecken
aus der Dose

175 g Schneckenbutter
(*siehe* gegenüberliegende Seite)

ZUBEREITUNG

▪ Backofen vorheizen. Teig zu einem ca. 5 cm dicken Rechteck ausrollen und in 4 gleich große Dreiecke schneiden.

▪ Teig mit Eigelb bestreichen und auf einem gefetteten Backblech 8-10 Minuten goldbraun backen. (Darauf achten, daß der Teig nicht zu dunkel wird.)

▪ Während der Teig gebacken wird, Schalotten, Weißwein und Fleischbrühe bei großer Hitze bis auf die Hälfte einkochen. (Wenn Sie einen Brühwürfel verwenden, Wein und Schalotten zuerst einkochen, Brühe erst am Ende hinzufügen.)

▪ Dieser Vorgang dauert ungefähr 25 Minuten. Währenddessen den nun fertigen, ca. $2^{1}/_{2}$ cm hohen Teig aus dem Backofen nehmen und ihn horizontal in der Mitte halbieren. Klebrige Stellen vorsichtig herausheben. So ergeben sich ein Boden und ein Deckel.

▪ Sobald die Sauce fertig ist, Schnecken hineingeben und ca. 1 Minute aufkochen lassen, dann den Topf von der Herdplatte nehmen und die Schneckenbutter unterrühren. Nicht nochmals erhitzen.

▪ Gleichmäßig auf die 4 Teigformen verteilen und sofort servieren.

Pochiertes Bries im Zwiebelmantel
RIS DE VEAU OU D'AGNEAU DANS SON HABIT D'OIGNON RÔTI

FÜR 4 PERSONEN

Kochzeit: 45 Min.
Temperatur: 175 °C

ZUTATEN

450 g Kalbs- oder Lammbries

2 große Gemüsezwiebeln

50 g Butter

100 g Speck

100 g Karotten

100 g Steckrüben

225 g Champignons

60 ml Fleischbrühe (*siehe* Fleisch- und Fischbrühe) oder 1 Brühwürfel

150 ml trockener Weißwein

Salz und Pfeffer

ZUBEREITUNG

■ *Backofen vorheizen.*
■ *Bries in Würfel schneiden und in Salzwasser ca. 10 Minuten blanchieren, dann abgießen und warm stellen.*
■ *Zwiebeln schälen und halbieren. Vorsichtig das Zwiebelinnere herausheben, so daß 4 Zwiebelhälften entstehen, die als Mantel für das Bries dienen.*
■ *Das Zwiebelinnere fein hacken; Speck, Karotten, Steckrüben und Champignons würfeln und in Butter bei schwacher Hitze schmoren lassen, bis das Knollengemüse fast gar ist. Die Hitze dann erhöhen und das Bries darin anbräunen.*
■ *Bouillon (oder Brühwürfel) und Weißwein zugießen. Bei schwacher Hitze zugedeckt garen lassen.*
■ *30 Minuten kochen lassen (oder solange bis die Flüssigkeit verkocht ist). Inzwischen die 4 Zwiebelhälften ca. 5-6 Minuten im Backofen erhitzen, bis sie anfangen weich zu werden. Aus dem Backofen herausnehmen und warm stellen.*
■ *Bries abschmecken, die Bries-Gemüse-Mischung gleichmäßig in die Zwiebelhälften füllen und sofort servieren.*

TIP VOM KOCH:

Nicht nachfragen, woher das Bries stammt, sondern einfach essen und genießen. Wie Digby Anderson vom Londoner *Spectator* zu Recht sagte: „Alles, was nicht eßbar ist, hat man schon vor Jahrtausenden weggeworfen."

KALTE UND WARME VORSPEISEN

Miesmuscheln in Weißwein mit Petersilie und Schalotten
MOULES À LA MARINIÈRE

FÜR 6 PERSONEN

Kochzeit: 5-6 Min.

ZUTATEN

50 g Butter

3 Schalotten, feingehackt

2 EL Petersilie, feingehackt

1 Lorbeerblatt

1 Zweig frischer oder $1/2$ TL getrockneter Thymian

$3 1/2$ kg Miesmuscheln, gewaschen und gebürstet

150 ml trockener Weißwein

ZUBEREITUNG

▪ *Butter in einer Kasserolle (mit Deckel) zerlassen, die Schalotten darin sautieren und Petersilie, Lorbeerblatt und Thymian hinzufügen. 30 Sekunden dünsten.*
▪ *Die Miesmuscheln hineingeben, Weißwein dazugießen und zudecken. Die Miesmuscheln sind gar, wenn Dampf austritt. Sofort servieren, da die Muscheln sonst zäh werden. Alle noch geschlossenen Muscheln wegwerfen.*

TIP VOM KOCH

Dieses Gericht schmeckt auch ohne Salz. Der Wein sollte sehr trocken und schlicht sein wie z.B. ein weißer Muscadet.

Sautierte Froschschenkel mit Petersilie, Butter und Zitronensaft

CUISSES DE GRENOUILLES SAUTÉES ET PERSILLÉES

FÜR 6 PERSONEN

Kochzeit: 6-8 Min.

ZUTATEN

100 g Butter

36 Froschschenkel

2 EL Petersilie, feingehackt

Saft einer Zitrone

Salz und Pfeffer

ZUBEREITUNG

■ Die Butter in eine sehr heiße Pfanne geben und aufschäumen. Froschschenkel hineingeben und bei mittlerer Hitze 6-8 Minuten sautieren. Hin und wieder vorsichtig wenden.

■ Wenn die Froschschenkel gar sind, Petersilie zufügen und mit Zitronensaft beträufeln. So heiß wie möglich direkt aus der Pfanne servieren.

HINWEIS

Froschschenkel, ein traditionell französisches Gericht, ist auch ein fester Bestandteil der fernöstlichen Küche. Froschschenkel kommen meist aus Thailand oder Bangladesh.

Porreetorte

TARTE AUX POIREAUX

FÜR 6 PERSONEN

Kochzeit: 25-30 Min.
Temperatur: 200 °C

ZUTATEN

225 g Porreestangen (nur den weißen Teil verwenden)

50 g Butter

350 g Knetteig (*siehe* Teigherstellung)

2 Eier

300 ml Milch

Salz und Pfeffer

ZUBEREITUNG

■ Backofen vorheizen. Die in Scheiben geschnittenen Porreestangen 5 Minuten in ungesalzenem Wasser blanchieren. Abgießen.

■ Butter in einer Pfanne zerlassen und den Porree darin ca. 5 Minuten dünsten und abkühlen lassen.

■ Backform mit Butter bestreichen und mit Teig auslegen. Porree gleichmäßig darauf verteilen.

■ Eier schlagen, Milch unterrühren, mit Salz und Pfeffer abschmecken und über den Porree gießen. Sofort backen und heiß servieren.

Fisch und Fischsaucen

Bouillabaisse 33

Geschmorter Thunfisch à la Bordelaise 34

Überbackene Kammuscheln 35

Seezungenfilet mit Champignons
in Weißwein 36

Garnelenspießchen
mit Lorbeer und Estragon 37

Überbackener Fisch mit Tomaten
und Brotkruste 38

Weiße Buttersauce 39

Diepper Sauce mit Miesmuscheln
und Garnelen 40

Pochierter Fisch mit Rotweinsauce,
Champignons und Zwiebeln 41

Gebräunte Butter- und Zitronensauce 42

FISCH UND FISCHSAUCEN

Bouillabaisse
BOUILLABAISSE MARSEILLAISE

FÜR 6 PERSONEN

Kochzeit: 1½ Std. einschließlich Zubereitung der Fischsuppe

ZUTATEN

2¼ l Provenzalische Fischsuppe
(*siehe* dort)

3 kg Weißfisch
(*siehe* Tip vom Koch)

300 ml Rouille
(*siehe* Mayonnaise)

2 Baguettes

1 Knoblauchknolle

225 g Greyerzer, gerieben

ZUBEREITUNG

■ *Fischsuppe bei starker Hitze aufkochen und bei reduzierter Hitze weiterkochen.*
■ *Fisch in Koteletts schneiden, dabei rechnet man ca. 100 g pro Kotelett. Die Stücke nicht filetieren oder entgräten und 20-25 Minuten in der Suppe pochieren.*
■ *Während der Fisch pochiert, die Mayonnaisesauce (Rouille) herstellen oder vorbereitete Sauce in ein Schüsselchen geben.*
■ *Weißbrot toasten.*
■ *Abgezogene Knoblauchzehen und geriebenen Käse auf je einem Teller anrichten.*
■ *Fisch aus der Suppe heben, abtropfen lassen, auf einer Platte anrichten und mit etwas Rouille bestreichen.*
■ *Die Fischsuppe in eine Terrine umgießen und zusammen mit dem Fisch, der Rouille, Toast, Käse und Knoblauch sofort servieren. Der Toast wird mit dem Knoblauch eingerieben und in die Suppe gelegt. Käse und Rouille werden der Suppe je nach Geschmack zugefügt. Servieren Sie dazu einen gekühlten Rosé.*

TIP VOM KOCH UND GEHEIMTIP

An der französischen Mittelmeerküste haben Restaurants diese Bouillabaisse stets in der Küche vorbereitet. Käse, Rouille und Knoblauch sind immer griffbereit. Das Geheimnis der Bouillabaisse haben wir erfolgreich auf einen Arbeitsgang reduziert: Fischreste, Tomaten und eine Handvoll anderer Zutaten ergeben eine Suppe, in der andere Fischstücke pochiert werden. Strittig ist, welcher Fisch in diese Suppe gehört. Weißfisch ist zwar ölig, dunkler Fisch beeinträchtigt jedoch den Geschmack der Suppe.

FRANZÖSISCHE BISTRO-KÜCHE

Geschmorter Thunfisch à la Bordelaise
THON À LA BORDELAISE

FÜR 6 PERSONEN

Kochzeit: 30 Min.

ZUTATEN

80 g Butter

60 ml Olivenöl

450 g frischer Thunfisch

1 große Zwiebel

5 mittelgroße Tomaten

150 ml trockener Weißwein

150 ml Fischbrühe
(*siehe* Fleisch- und Fischbrühe)

225 g Champignons

Salz und Pfeffer

ZUBEREITUNG

■ 60 g Butter und das Öl bei mittlerer Hitze vermischen. Fisch von beiden Seiten je etwa 2 Minuten darin anbraten. Zwiebel in dünne Ringe schneiden und zum Fisch geben.

■ *Während die Zwiebeln schmoren, Tomaten entkernen und in Würfel schneiden. Zusammen mit Weißwein und Fischbrühe dem Fisch zufügen. Aufkochen lassen und dann bei schwacher Hitze 15 Minuten garen.*

■ *Fisch herausnehmen und warm stellen.*

■ *In der restlichen Butter Champignons goldbraun braten und dem Fischsud zufügen. Bei starker Hitze Sud um ein Drittel einkochen. Nach Geschmack würzen und über den Thunfisch gießen. Sofort servieren.*

Überbackene Kammuscheln
GRATINÉE DE COQUILLES ST. JACQUES

FÜR 6 PERSONEN

Kochzeit: 20 Minuten
Temperatur: 200 °C

ZUTATEN

150 g Butter

1 kleine Zwiebel

1 kg Kammuscheln, gesäubert, ohne Schale

300 ml trockener Weißwein

600 ml Béchamelsauce (*siehe* Helle Grundsaucen)

½ TL scharfer Senf

75 ml Wermut

1 Prise Cayennepfeffer

100 g Paniermehl

Salz und Pfeffer

ZUBEREITUNG

▌ Backofen vorheizen. 130 g Butter bei schwacher Hitze zerlassen und die feingehackte Zwiebel darin dünsten. Gesäuberte Kammuscheln und Weißwein zugeben und zum Kochen bringen. Hitze reduzieren und ca. 1 Minute garen.

▌ Kammuscheln herausnehmen und warm stellen. Bei starker Hitze Brühe auf etwa ein Viertel einkochen.

▌ Die warmgestellten Kammuscheln in Scheiben schneiden und unter die Hälfte der Béchamelsauce rühren. Senf, Wermut, Cayennepfeffer und Brühe zugießen und nach Geschmack mit Salz und Pfeffer würzen.

▌ Diese Mischung auf 6 feuerfeste Schüsseln oder in die gesäuberten Muschelschalen verteilen, restliche Béchamelsauce darüber gießen.

▌ Übrige Butter schmelzen und mit Paniermehl mischen, auf die Schüsselchen oder Muscheln verteilen und 12-15 Minuten im Backofen überbacken.

TIP VOM KOCH

Tatsächlich werden hier die Muscheln zweimal gekocht. Wozu? Beim Kochen schrumpfen die Muscheln, da sie Wasser abgeben, welches die Sauce verdünnt. Dadurch verliert die Sauce an Geschmack. Beim Braten von Muscheln hilft es, sie vorher zu pochieren.

HINWEIS

Warum Coquilles „St. Jacques"?

Der Hl. Jakob, als „Santiago" Patron Spaniens, hat die Kammmuschel als Attribut – die „Jakobsmuschel".

Seezungenfilet mit Champignons in Weißwein
SOLE BONNE FEMME

FÜR 6 PERSONEN

Kochzeit: 8-10 Min.

ZUTATEN

1 kleine Zwiebel, feingehackt

3 Seezungen, ca. 450 g pro Fisch

150 ml Weißwein

150 ml Fischbrühe (*siehe* Fleisch- und Fischbrühe)

225 g Champignons

Saft einer halben Zitrone

Sauce hollandaise, hergestellt aus 2 Eigelb und 170 g Butter (*siehe* Hollandaise)

Salz und Pfeffer

ZUBEREITUNG

▪ *Fisch filetieren und entgräten (siehe Entbeinen und Tranchieren). In einer Pfanne den Fisch zusammen mit Zwiebel, Weißwein und Fischbrühe bei schwacher Hitze ca. 5 Minuten pochieren.*
▪ *Seezunge aus der Brühe heben und warm stellen.*
▪ *Flüssigkeit fast bis zu einer Glace reduzieren und die in Scheiben geschnittenen Champignons darin pochieren. Champignons der Hollandaise zufügen und würzen.*
▪ *Seezunge in einer feuerfesten Schüssel anrichten, Glace und Sauce darüber gießen und 2-3 Minuten unter dem Bratrost grillen. Sofort servieren.*

NEBENBEI

In Europa gibt es verschiedene Arten von Seezungen. Oder besser gesagt, „Seezunge" bezeichnet verschiede Arten von Fisch. Aber nur eine ist die echte Seezunge und sollte auch als solche im Fischgeschäft oder im Restaurant verkauft werden. Hin und wieder wird sie auch als „Dover Seezunge" angeboten. Alle anderen Sorten sind etwas besser als Scholle. Die Bezeichnung „Sole" (Seezunge) stammt vom lateinischen Wort „Solea" (Sohle) ab. Man stellte sich damals vor, daß kleine flache Fische als Sandalen für Meerjungfrauen bestens geeignet sein müßten.

TIP VOM KOCH

Der Zitronensaft bei den Zutaten ist für die Sauce hollandaise bestimmt, für die Sie später noch eine narrensichere Anleitung bekommen.
Zwei Punkte dazu: Hollandaise ist *keine* kulinarische Unmöglichkeit für den Amateurkoch — sie ist einfach herzustellen.
Zweitens: Grundsätzlich wird diese Sauce als Zutat zu Fischsaucen immer zum Schluß hinzugefügt.
Wollen Sie es probieren?

Garnelenspießchen mit Lorbeer und Estragon
BROCHETTES DE LANGOUSTINES À L'ESTRAGON

FÜR 6 PERSONEN

Kochzeit: 10 Min.

ZUTATEN

100 g Butter

36 Riesengarnelen

18 frische Lorbeerblätte

4 EL Estragon, getrocknet (oder die doppelte Menge frischer Estragon)

Salz und Cayennepfeffer

Saft zweier Zitronen

ZUBEREITUNG

▪ Butter bei schwacher Hitze zerlassen.
▪ Garnelen schälen. Dabei die Schalen aufbewahren (siehe *Krabbencremesuppe*). Abwechselnd je zwei Garnelen und ein Lorbeerblatt aufspießen.
▪ Die geschmolzene Butter über die Spießchen gießen, mit Estragon, Salz und Cayennepfeffer würzen. Bei starker Hitze unter dem Grill oder Backrost 5 Minuten von jeder Seite garen. Mit Zitronensaft besprenkeln und servieren.

TIP VOM KOCH

Estragon wird normalerweise nicht als Fischwürze benutzt, doch zu gegrilltem Fisch paßt er hervorragend.

Überbackener Fisch mit Tomaten und Brotkruste
POISSON AU MISTRAL

FÜR 4 PERSONEN

Kochzeit: ca. 20 Min.
Temperatur: 200 °C

ZUTATEN

2 kg Fisch
(*siehe* Hinweis: Der Fisch)

350 g Tomaten

150 ml Olivenöl

225 g Champignons, in
Scheiben geschnitten

2 Knoblauchzehen,
zerdrückt

150 ml Weißwein

Salz und Pfeffer

15 g frische Brotkrumen

ZUBEREITUNG

▪ *Backofen vorheizen. Tomaten enthäuten, entkernen und würfeln. Öl in einer gußeisernen Pfanne erhitzen und Tomaten, Champignons und zerdrückten Knoblauch 2-3 Minuten darin dünsten.*
▪ *Weißwein zugießen, mit Salz und Pfeffer würzen und bei hoher Hitze weitere 2-3 Minuten kochen.*
▪ *Sauce über die in einer feuerfesten Form angerichteten Fischsteaks gießen, die Brotkrumen darüber streuen (siehe Hinweis: Der Fisch) und im Backofen 10 Minuten knusprig backen, bis sich eine Kruste bildet.*

DER FISCH

Jeder Fisch, der sich in Steaks oder Koteletts schneiden läßt, eignet sich für dieses Rezept. Doch sollte der Fisch in Öl angebraten und von jeder Seite 2 Minuten gebräunt werden, bevor er mit Sauce und Brotkrumen bedeckt und gebacken wird.

Weiße Buttersauce
BEURRE BLANC

FÜR 4 PERSONEN

Kochzeit: 20-25 Min.

ZUTATEN

500 ml trockener Weißwein

150 ml Weißweinessig

1 mittelgroße Zwiebel

450 g Butter

Salz und Pfeffer

ZUBEREITUNG

■ Wein und Essig mischen, Zwiebel fein hacken.
■ In einer Pfanne Wein, Essig und die Zwiebel bei starker Hitze einkochen lassen (es sollte nur eine glänzende Schicht in der Pfanne zurückbleiben).
■ Währenddessen ein wenig Salz und Pfeffer unter die Butter rühren.
■ In Abständen von je 30 Sekunden sollte bei schwacher Hitze die Butter langsam und unter ständigem Schlagen in die Pfanne gegeben werden. Dabei muß die Butter cremig bleiben und darf nicht schmelzen.

TIP VOM KOCH

Beurre blanc schreckt viele Amateurköche ab. Doch wenn Sie sich an das Rezept halten, kann die Sauce nicht mißlingen. Sie muß cremig sein. Wenn sie zu dick ausfällt, kann sie bei schwacher Hitze durch Schlagen wieder verdünnt werden. Ist sie zu dünn geraten – aber noch nicht geschmolzen – kann sie durch Kühlen wieder eingedickt werden. Der Fisch, zu dem diese Sauce gereicht wird, sollte pochiert sein. *Hechtklöße in weißer Buttersauce:* Klöße nach dem Lachsmousse-Rezept herstellen.

Diepper Sauce mit Miesmuscheln und Garnelen
SAUCE DIEPPOISE

FÜR 6 PERSONEN

Kochzeit: 20-25 Minuten

ZUTATEN

150 ml trockener Weißwein

150 ml Muschelflüssigkeit (*siehe* Tip vom Koch)

600 ml Weißweinvelouté (*siehe* Helle Grundsaucen)

3 EL Butter

100 g Miesmuscheln, gekocht

100 g Garnelen, gekocht und geschält

ZUBEREITUNG

■ Weißwein mit der Muschelflüssigkeit vermischen und bei starker Hitze auf die Hälfte reduzieren.
■ Topf vom Herd nehmen und Butter hineinrühren.
■ Weißweinvelouté, Muscheln und Garnelen zugeben und nochmals kurz erhitzen.

DER FISCH

Diese leichte Sauce ist ideal zur Verfeinerung von pochiertem oder gegrilltem Fisch. Auch kann der Geschmack einer Seezunge oder Scholle mit dieser Sauce noch unterstrichen werden. Allerdings ist sie für ölige Fische, wie z.B. gegrillte Sardinen, ungeeignet.

TIP VOM KOCH

Die Flüssigkeit von Muscheln aufzufangen, ist einfach: Muscheln in geschlossenem Topf erhitzen und den Saft auffangen, der aus den Muscheln austritt.

Pochierter Fisch mit Rotweinsauce, Champignons und Zwiebeln
À LA MÂCONNAISE / À LA BOURGUIGNONNE

FÜR 6 PERSONEN
Kochzeit: 30 Min.
ZUTATEN
2 1/2 kg Fisch (*siehe* Hinweis: Der Fisch)
450 ml Rotwein
175 g Butter
18 Perlzwiebeln, geschält
Salz
1 Prise Zucker
225 g Champignons
2 EL Mehl

ZUBEREITUNG

▪ Fisch in Rotwein pochieren und warm stellen. Rotwein auffangen.
▪ 50 g Butter bei mittlerer Hitze zerlassen, Zwiebeln zufügen. Mit Salz abschmecken.
▪ Die Zwiebeln mit Wasser bedecken und ca. 10 Minuten dünsten, bis das Wasser verkocht ist und die Zwiebeln glasiert sind. Warm stellen.
▪ Champignons in 50 g Butter schmoren und warm stellen.
▪ Rotweinsud wieder aufkochen und auf die Hälfte reduzieren.
▪ Die restliche Butter und das Mehl verquirlen und bei schwacher Hitze in den Rotwein rühren (siehe Andicken: Beurre Manié). Zwiebeln und Champignons zufügen und aufkochen.
▪ Sauce über den angerichteten Fisch gießen und servieren.

DER FISCH

Fisch in Rotweinsauce klingt recht eigenartig. Doch schon alte Rezepte empfehlen diese Kombination. Eine Rotweinsauce paßt zu jedem Salzwasserfisch wie z.B. Seezunge, Scholle, Thunfisch oder Flunder. Auch kann sie zu jedem fleischigen Süßwasserfisch, wie Forelle oder Lachs, gereicht werden.

Gebräunte Butter- und Zitronensauce
AU BEURRE NOISETTE

FÜR 4 PERSONEN

Kochzeit: 5-7 Min.

ZUTATEN

100 g Butter

Saft einer halben Zitrone

etwas Petersilie, feingehackt

ZUBEREITUNG

■ Butter in einer gußeisernen Pfanne bei starker Hitze schmelzen; aufschäumen lassen, bis sie braun wird.

■ Pfanne vom Herd nehmen, Zitronensaft zufügen und einen Augenblick warten (sonst spritzt die Butter).

■ Sauce über den angerichteten Fisch gießen und mit Petersilie garnieren.

DER FISCH

„Noisette" ist eine klassische Zubereitung für Fischfilets. Dafür werden keine öligen, sondern frische Fische oder Salzwasserfische genommen. Die ideale Schwere beträgt ca. 1 Pfund, groß genug, um den Fisch auf dem Herd in ca. 10 Minuten garen zu können. Größere Fische eignen sich besser zum Grillen oder Braten.

Eine einfache Regel: Der Fisch sollte nur einmal in der Pfanne gewendet werden. Muß er mehrmals gewendet werden, ist er zu groß.

FISCH UND FISCHSAUCEN

Geflügelgerichte

Hühnerbrust mit Walnußöl-Vinaigrette 45

Hähnchen in Rotwein mit
Sahnesauce und Champignons 46

Brathähnchen mit Speck
und Hühnerleber gefüllt 47

Hähnchen in Weißwein mit Tomaten
und Champignons 48

Brathähnchen mit Estragon 49

Putenbrust mit Oliven, Paprikaschoten
und Champignons 50

Ente à la Périgord 50

Gebratene Ente in Rotwein 51

Ente mit geschmorten Steckrüben 52

Gänsebraten mit geschmorten Zwiebeln,
Eßkastanien und Champignons 53

GEFLÜGELGERICHTE

Hühnerbrust mit Walnußöl-Vinaigrette
SUPRÊMES DE POULET À LA VINAIGRETTE DE NOIX

FÜR 6 PERSONEN

Kochzeit: 20 Min.
Vorbereitung: 2¼ Std.
Temperatur: 200 °C

ZUTATEN

6 Hühnerbrüste
ohne Mignons
(*siehe* Entbeinen)

150 ml Walnußöl-
Vinaigrette (*siehe* dort)

2 EL grüne Pfefferkörner

50 g Butter

2 EL Petersilie,
feingehackt

2 EL frischer Estragon,
gehackt
(oder 1TL getrockneter
Estragon)

grobes Salz und gemahlener schwarzer Pfeffer

ZUBEREITUNG

▪ Hühnerbrust 2 Stunden in Walnußöl-Vinaigrette mit grünem Pfeffer marinieren.
▪ Backofen vorheizen. Butter bei großer Hitze in einem Topf zerlassen und die Hühnerbrust darin 15 Sekunden von jeder Seite kurz anbraten, um die Poren zu schließen.
▪ Hühnerstücke in einem Brattopf so dicht wie möglich nebeneinander legen und die Butter darüber gießen. Zugedeckt ca. 15 Minuten im vorgeheizten Backofen backen.
▪ Im Topf, in dem die Butter geschmolzen wurde, Vinaigrette, Pfefferkörner, Petersilie und Estragon bei schwacher Hitze dünsten, bis die Hühnerbrust gar ist.
▪ Danach Vinaigrette gleichmäßig auf dem Fleisch verteilen, mit grobem Salz und Pfeffer bestreuen und sofort servieren.

FRANZÖSISCHE BISTRO-KÜCHE

Hähnchen in Rotwein mit Sahnesauce und Champignons
COQ AU VIN

FÜR 4 PERSONEN

Kochzeit: 30-40 Min.
Temperatur: 200 °C

ZUTATEN

50 g Butter

1 TL Olivenöl

1 Hähnchen, ca. 1 1/2 kg

225 g Perlzwiebeln

340 g Champignons

1 mittelgroße Zwiebel

1 Flasche vom besten Rotwein, den Sie sich zum Kochen leisten wollen (*siehe* Tip vom Koch)

150 ml Sahne

2 EL Petersilie, feingehackt

ZUBEREITUNG

■ *Backofen vorheizen. Butter zusammen mit dem Öl in einer Pfanne zerlassen. Zwiebeln schälen und Champignons grob hacken.*
■ *Hähnchen in 4 Stücke schneiden (siehe Entbeinen und Tranchieren) und in der Pfanne bei mittlerer Hitze anbräunen. Wenn die Fleischstücke angebräunt sind, Zwiebeln und Champignons zufügen und ca. 1 Minute garen lassen, dann in einer feuerfesten Schüssel anrichten.*
■ *Zugedeckt im Backofen ca. 30 Minuten garen.*
■ *Die feingehackte Zwiebel in der gleichen Pfanne, in der das Fleisch angebräunt wurde, dünsten (nicht bräunen).*
■ *Den Wein zugießen und aufkochen lassen, bis die Flüssigkeit zur Hälfte verkocht ist. Wenn die Sauce an einem Eßlöffel haften bleibt, ist sie fertig.*
■ *Fleisch von den Zwiebeln und Champignons trennen und die Rahmsauce darüber gießen. Mit Zwiebeln, Champignons und Petersilie anrichten.*

TIP VOM KOCH

Bei diesem Rezept sollten Sie eines bemerkt haben: Coq au vin ist *nicht* in Rotwein geschmortes Hähnchen – die Sauce wird separat zubereitet. So war das schon immer, außer in Restaurants, wo man keine Ahnung vom Kochen hat. Interessant ist auch, daß man dieses Gericht früher Coq au Chambertin nannte. Doch da wir einfachen Leute in der Regel nicht in Eselsmilch baden, kochen wir auch nicht mehr mit Chambertin, einem der teuersten Burgunder.

GEFLÜGELGERICHTE

Brathähnchen mit Speck und Hühnerleber gefüllt
POULET GRAND-MÈRE

FÜR 4 PERSONEN

Kochzeit: ca. 55 Min.
Temperatur: 200 °C

ZUTATEN

50 g Butter

100 g magerer Speck

1 kleine Zwiebel

4 Stück Hühnerleber

100 g frische Brotkrumen

3 EL Petersilie, gehackt

1 Hähnchen, ca. 1 1/2 kg

150 ml Bouillon (*siehe* Fleisch- und Fischbrühe)

Salz und Pfeffer

ZUBEREITUNG

▪ Backofen vorheizen. Butter bei mittlerer Hitze zerlassen. Speck würfeln, Zwiebel fein hacken und in der Butter leicht anbräunen.

▪ Hühnerleber grob hacken, dazu geben und weitere 2-3 Minuten bräunen. Brotkrumen und Petersilie unterrühren.

▪ Hähnchen mit der Mischung füllen und in einem Bratentopf zugedeckt ca. 50 Minuten schmoren lassen. Dann aus dem Backofen nehmen und das Hähnchen auf einer Fleischplatte anrichten.

▪ Bratentopf bei starker Hitze auf der Herdplatte erhitzen und mit der Bouillon ablöschen. 3-4 Minuten stark aufkochen.

▪ Mit Salz und Pfeffer abschmecken, über das Hähnchen gießen und servieren.

HINWEIS

Mein Verleger fragte mich, warum dieses Gericht auf Französisch „Großmutters Hähnchen" heißt.

Ich habe einige Recherchen über die Sitten französischer Großmütter angestellt, hatte aber keinen Erfolg. Vielleicht sollte „Großmutter" einfach „traditionelle Art" bedeuten?

Hähnchen in Weißwein mit Tomaten und Champignons
POULET MARENGO

FÜR 4 PERSONEN

Kochzeit: 1 Std.

ZUTATEN

1 Hähnchen, ca. 1½ kg

Salz und Pfeffer

50 g Mehl

60 ml Olivenöl

100 g Butter

300 ml Hühnerbrühe (*siehe* Fleisch- und Fischbrühe)

10 Perlzwiebeln, geschält

2 mittelgroße Tomaten, gehäutet und gewürfelt

1 EL Tomatenmark

3 Knoblauchzehen, zerdrückt

100 g Champignons

150 ml Weißwein

2 EL Petersilie, gehackt

ZUBEREITUNG

■ Hähnchen vierteln. Die Stücke mit Salz und Pfeffer einreiben und mit Mehl bestreuen.

■ Die Hälfte der Butter zusammen mit dem Öl bei mittlerer Hitze zerlassen und die Fleischstücke darin bräunen.

■ Hühnerbrühe zugießen, Zwiebeln, Tomaten und zerdrückte Knoblauchzehen zufügen. Tomatenmark einrühren.

■ Zudecken und bei schwacher Hitze ca. 40 Minuten simmern lassen.

■ Währenddessen die Champignons in der restlichen Butter ungefähr 5 Minuten sautieren. Weißwein dazugießen und stark aufkochen.

■ Champignonsauce über das Huhn gießen, mit Petersilie garnieren und servieren.

TIP VOM KOCH

Angeblich servierte Napoleons Koch dieses Gericht seinem Kaiser vor der Schlacht von Marengo im Jahre 1800. Andere behaupten, ein Restaurator in Paris habe dieses Gericht nach der Schlacht erfunden, um den Sieg zu feiern – und den Umsatz zu steigern.

Brathähnchen mit Estragon
POULET RÔTI DÉSOSSÉ À L'ESTRAGON

FÜR 6 PERSONEN

Kochzeit: 50 Min.
Vorbereitung: 2 Std.
Temperatur: 180 °C

ZUTATEN

1 Hähnchen,
ca. 1½ kg

1 mittelgroße Zwiebel

1 mittelgroße Karotte

100 g Staudensellerie

100 g Butter

Saft einer Zitrone

2 EL getrockneter Estragon (oder die doppelte Menge bei frischem Estragon)

grobes Salz

ZUBEREITUNG

▪ Backofen vorheizen. Hähnchen entbeinen (siehe *Entbeinen und Tranchieren*). Zwiebel, Karotte und Sellerie grob hacken.

▪ Gemüse und Hähnchenknochen in einem Liter kaltem Wasser stark aufkochen und bei schwacher Hitze weiterkochen. (Mit dem Kochen der Brühe ca. 1 Stunde vor dem Braten beginnen.)

▪ Butter weich werden lassen, Estragon und Zitronensaft hineingeben und cremig rühren.

▪ Hähnchen mit der Haut nach unten auf eine Arbeitsplatte legen und gut mit der Butter bestreichen.

▪ Wenn die Bouillon ca. 1 Stunde gekocht hat, das Hähnchen mit einem Fleischspieß verschließen (siehe *Entbeinen*) und mit der Brust nach unten in den Backofen schieben.

▪ Bouillon weitere 30 Minuten kochen und durch ein Sieb passieren. Wieder auf die Herdplatte stellen und bei starker Hitze die Flüssigkeit auf ein Drittel einkochen. Warm stellen.

▪ 15 Minuten bevor das Hähnchen fertig ist, wenden und mit ein wenig grobem Salz bestreuen.

▪ Sobald die Hähnchenbrust gebräunt ist, aus dem Backofen nehmen. Warm stellen. Bratfond mit Bouillon ablöschen und 2-3 Minuten aufkochen. Fond über das Brathähnchen gießen und sofort servieren.

HINWEIS

Ein entbeintes Hähnchen von normaler Größe reicht für 6 Personen. Außerdem kann bei der Gelegenheit aus den Knochen auch frische Bouillon hergestellt werden.

Leichter Rotwein oder ein schwerer Chardonnay passen gut zu diesem Gericht.

FRANZÖSISCHE BISTRO-KÜCHE

Putenbrust mit Oliven, Paprikaschoten und Champignons
SUPRÊME DE DINDE À LA SAXE

FÜR 6 PERSONEN

Kochzeit: 1 1/2 Std.
oder *siehe* Tip vom Koch
Temperatur: 180 °C

ZUTATEN

100 g Butter

1 kg Putenbrust

225 g rote Paprikaschoten

225 g grüne Paprikaschoten

225 g Champignons

300 ml Velouté
(*siehe* Helle Grundsaucen)

50 g schwarze Oliven, entkernt

Salz und Pfeffer

ZUBEREITUNG

▪ *Backofen vorheizen. Mit der Hälfte der Butter die Putenbrust bestreichen. Im Backofen ca. 45 Minuten braten (siehe Tip vom Koch).*

▪ *In der Zwischenzeit die Paprikaschoten waschen, das Innere herausnehmen, Schoten und die Champignons in Scheiben schneiden. Paprika in der restlichen Butter ca. 15 Minuten bei schwacher Hitze dünsten, bis sie weich werden, aus der Butter heben und warm stellen. Dann die Champignons in der Butter und Flüssigkeit 5 Minuten dünsten.*

▪ *Paprika wieder in den Topf geben und die Velouté in die Gemüsemischung rühren. Von der Herdplatte nehmen.*

▪ *Oliven kleinschneiden.*

▪ *Wenn die Putenbrust gar ist, Fleisch diagonal in 6 Stücke schneiden.*

▪ *Gemüse und Velouté wieder aufkochen, mit Salz und Pfeffer würzen, gleichmäßig auf die 6 Putenstückchen verteilen und mit den Olivenstückchen garnieren.*

TIP VOM KOCH

Dieses Gericht kann von den Resten einer vorgekochten Pute zubereitet werden. Mit anderen Worten: Es verringert die Kochzeit und hilft gleichzeitig, die Karkasse aus dem Kühlschrank zu entfernen. Als zusätzliche Garnierung kann man auch in Butter vorgewärmte Knoblauchwurst in Lagen auf der Putenbrust dekorieren.

Ente à la Périgord
CONFIT DE CANARD

FÜR 4 PERSONEN

Kochzeit: mind. 4 Std.
Temperatur: 175 °C

ZUTATEN

1 Ente, ca. 2 kg

450 g grobes Salz

4 EL getrockneter Thymian
(oder die doppelte Menge frischer Thymian)

NEBENBEI

Außer an sehr trockenen Tagen kann man im Périgord den sanften Geruch von feuchter Erde wahrnehmen. Das Périgord ist weltbekannt für seine Pilze und Trüffel. Eine andere Spezialität ist Geflügel: Enten, Gänse und Stopfleber.

ZUBEREITUNG

▪ *Backofen vorheizen. Ente zerteilen, indem die Schenkel und Bruststücke entfernt werden (siehe Entbeinen und Tranchieren). Mignons (siehe S. 124) von der Brust abschneiden und aufbewahren (siehe Warmer Enten- und Hühnermignonsalat). Von allen 4 Teilen das Fett und besonders fettige Hautstücke abtrennen.*

▪ *Salz und Thymian mischen, die Fleischstücke damit einreiben und bis zu 24 Stunden (mindestens jedoch 2 Stunden) zugedeckt kühl stellen.*

▪ *Das Gerippe in Stücke schneiden und zusammen mit dem abgetrennten Fett 2 Stunden im Backofen rösten. In diesem Bratfett läßt man die Ente später garen. Fett am Ende dieser Prozedur durchseihen und aufbewahren.*

FERTIGSTELLUNG DES CONFIT

▪ *Fleischstücke trocknen und vom Salz befreien.*

▪ *In einer größeren Pfanne das Entenfett schmelzen und Fleisch hineinlegen. Das Fleisch muß mit Fett bedeckt sein. Schnell erhitzen, dann zugedeckt bei schwacher Hitze 2 Stunden weich kochen.*

▪ *Fleischstücke auf Rotkohl anrichten und servieren (siehe Geschmorter Rotkohl mit Eßkastanien).*

TIP VOM KOCH

Ein vorgebräunter, entfetteter Entenrumpf, zusammen mit ein wenig gedünstetem Gemüse, könnte der Anfang von etwas Großartigem in Ihrer Suppen- oder Brüheherstellung werden. Fangen Sie einfach an, oder schlagen Sie unter „Fleisch- und Fischbrühe" nach.
Wählen Sie dazu einen Rotwein;
Erwarten Sie Ihre zukünftigen Schwiegereltern sollten Weine wie „Shiraz", „Zinfandel" und „Cabernet Sauvignon" gewählt werden.

Gebratene Ente in Rotwein
CANARD À LA ROUENNAISE

FÜR 4 PERSONEN

Kochzeit: 30 Min.
Temperatur: 220 °C

ZUTATEN

1 Mastente, ca. 1½ kg

1 mittelgroße Zwiebel

Salz und Pfeffer

150 ml Rotwein

ZUBEREITUNG

▪ Backofen vorheizen und die Ente nur 15 Minuten im sehr heißen Ofen braten. Sie darf auf keinen Fall durchgebraten sein!

▪ Aus dem Backofen nehmen, die Schenkel abtrennen (siehe Entbeinen und Tranchieren) und diese weitere 10 Minuten im Backofen braten.

▪ Inzwischen die Brust in lange, dünne Streifen schneiden. Zwiebel sehr fein hacken, in eine feuerfeste Form geben und die Fleischstreifen darüber legen. Mit Salz und Pfeffer würzen.

▪ Nun die Karkasse ein wenig drücken (sie ist immer noch zartrosa) und soviel Saft wie möglich auffangen. Zusammen mit dem Rotwein über die Fleischstreifen gießen.

▪ Die Schenkel aus dem Backofen nehmen und auf die Fleischstreifen legen. Alles zusammen nochmal 2-3 Minuten im Backofen braten. Form aus dem Ofen nehmen und mit einem guten Rotwein sofort servieren.

Ente mit geschmorten Steckrüben
CANARD AUX NAVETS

FÜR 4 PERSONEN

Kochzeit: 1 1/2 Std.
Temperatur: 180 °C

ZUTATEN

1 Mastente, ca. 1 1/2 kg

50 g Butter

150 ml Weißwein

450 ml Fleischbrühe
(*siehe* Fleisch- und Fischbrühe)

500 g Steckrüben

1 Prise Zucker

20 Perlzwiebeln, geschält

Salz und Pfeffer

ZUBEREITUNG

■ *Backofen vorheizen und Ente vierteln (siehe Entbeinen und Tranchieren).*
■ *Butter bei mittlerer Hitze zerlassen und die Ententeile je 2 Minuten auf jeder Seite darin anbraten. Fett in eine andere Pfanne abgießen und die Hitze erhöhen. Weißwein und Bouillon zum Fleisch geben und zugedeckt im Backofen ca. 1 Stunde braten.*
■ *Die Steckrüben je nach Laune in Olivenform oder in Stückchen schneiden. 3-4 Minuten bei starker Hitze zusammen mit dem aufgefangenen Entensaft in der Butter schmoren. Mit Zucker abschmecken, Steckrüben herausnehmen und warm stellen. Im selben Topf die geschälten Perlzwiebeln ebenfalls 3-4 Minuten dünsten und warm stellen.*
■ *Ca. 30 Minuten bevor das Fleisch gar ist, Steckrüben und Zwiebeln dazugeben.*
■ *Wenn das Fleisch fertig ist, aus dem Brattopf heben und zusammen mit dem Gemüse in einer Schüssel anrichten und warm stellen. Den Bratfond bei großer Hitze zu einer cremigen Masse verdicken. Würzen.*
■ *Fond über das angerichtete Fleisch und Gemüse gießen, servieren und schlemmen.*

Gänsebraten mit geschmorten Zwiebeln, Eßkastanien und Champignons
OIE À LA LYONNAISE

FÜR 8-10 PERSONEN

Kochzeit: ca. 2½ Std.
Temperatur: 240 °C,
später 190 °C

ZUTATEN

1 Gans, ca. 3½ kg

50 g Butter

20 Perlzwiebeln

150 ml Weißwein

450 ml kräftige Bouillon (*siehe* Fleisch- und Fischbrühe)

20 frische Eßkastanien, gewaschen und geschält (oder aus der Dose)

225 g Champignons

Salz und Pfeffer

ZUBEREITUNG

▪ *Backofen auf 240 °C vorheizen und die Gans 20 Minuten anbraten.*
▪ *Butter bei mittlerer Hitze zerlassen und die geschälten Zwiebeln darin goldbraun sautieren. Warm stellen.*
▪ *Gans aus dem Backofen nehmen und die Temperatur auf 190 °C reduzieren. Gänsefett bis auf einen kleinen Rest abgießen.*
▪ *Bouillon, Weißwein und Perlzwiebeln in den Brattopf geben und 30 Minuten im Backofen kochen.*
▪ *Eßkastanien und Champignons zugeben und die Gans im Brattopf weitere 1½ Stunden braten.*
▪ *Kurz vor dem Servieren die Gans und das Gemüse auf einer Fleischplatte anrichten.*
▪ *Fett abschöpfen und Sauce im Brattopf auf der Herdplatte 5 Minuten lang stark aufkochen.*
▪ *Mit Salz und Pfeffer abschmecken und über die Gans gießen. Sofort servieren.*

FRANZÖSISCHE BISTRO-KÜCHE

Fleischgerichte

Wie man Fleisch grillt 55

Gebratenes Lendensteak nach
Weinhändlerart 56

Bœuf Stroganoff 57

Tatar 58

Rinderschmorbraten in Rotwein 59

Rindfleisch mit Oliven und Weinbrand 60

Überbackene Schweinekoteletts 60

Gegrillte Lammkoteletts
mit Geflügelgehacktem 61

Lammtopf 62

Lamm-Couscous 63

Gebackene weiße Bohnen mit
Ente à la Périgord 64

Sauerkraut Elsässer Art 65

Schweinekotelett mit Sahne und Äpfeln 66

Kalbskotelett mit Kräutern 67

Kalbsleber mit Zwiebeln und Weißwein 67

Wie man Fleisch grillt

170-250 G FLEISCH PRO PERSON

Kochzeit: 5-15 Min.

ZUTATEN

Fleisch nach Wahl, in Portionen geschnitten

60 ml Öl

Salz und Pfeffer

ZUBEREITUNG

▪ *Grill auf höchste Hitze stellen.*
▪ *Fleisch mit Öl bestreichen, salzen und pfeffern.*
▪ *Soll das Fleisch nach dem Grillen „medium", d.h. innen noch rosafarben sein, muß es vorher auf Zimmertemperatur erwärmt werden, da sonst die Mitte des Fleisches noch kalt ist, während das Äußere schon braun gebraten ist.*
▪ *Sobald die Poren sich schließen, sollte man folgende Stichprobe machen:*
▪ *Wenn sich mit dem Finger tiefe Mulden ins Fleisch drücken lassen, ist es noch nicht durchgebraten.*
▪ *Wenn zwar kleine Mulden entstehen, das Fleisch aber gleich wieder glatt wird, ist es innen noch rosa.*
▪ *Wenn das Fleisch fest und braun ist, spricht man von „medium" (mittel).*
▪ *Wer das Fleisch gern gut durchgebraten ißt, sollte es nicht grillen, sondern lieber sautieren. Dabei ist folgendes zu beachten:*
▪ *Poren des Fleisches bei starker Hitze im heißen Fett schließen.*
▪ *Hitze dann reduzieren.*
▪ *Weißes Fleisch mit Mehl bestreuen, damit es saftig bleibt.*
▪ *Wie oben angegeben, prüfen, ob das Fleisch gar ist.*

TIP VOM KOCH

Es gibt zwei Möglichkeiten, um den „Garzustand" des gebratenen oder gekochten Fleisches festzustellen: durch Druckprobe (*siehe* Zubereitung) oder vom Aussehen her. Wird das Fleisch auf dem Grill gebraten, sieht man beim Wenden, ob es gar ist.

Gebratenes Lendensteak nach Weinhändlerart

ENTRECÔTE MARCHAND DE VIN

FÜR 6 PERSONEN

Kochzeit: 10-15 Min.

ZUTATEN

100 g Butter

6 Lendensteaks, je ca. 175 g

300 ml Rotwein

1 kleine Zwiebel, feingehackt

Salz und Pfeffer

2 EL Petersilie, feingehackt

Saft einer halben Zitrone

ZUBEREITUNG

▪ Steaks in 50 g Butter braten (siehe *Wie man Fleisch grillt*).
▪ Dreiviertel der zerlassenen Butter abgießen und den Fond dann bei großer Hitze mit Rotwein löschen.
▪ Wein stark aufkochen, Zwiebel hineingeben und würzen. Dann die Pfanne vom Herd nehmen.
▪ Petersilie und Zitronensaft einrühren und die restliche Butter unterheben.
▪ Sauce auf die Steaks gießen und servieren.

FLEISCHGERICHTE

Bœuf Stroganoff
FILET DE BOEUF SAUTÉ STROGANOFF

FÜR 4 PERSONEN
Kochzeit: 3-5 Min.

ZUTATEN

575 g Rinderfilet, Endstück

80 g Butter

2 große Zwiebeln

150 ml Bouillon, stark eingekocht
(*siehe* Fleisch- und Fischbrühe)

150 ml saure Sahne

1 TL Dijonsenf

1/2 TL Tomatenmark

Saft einer halben Zitrone

ZUBEREITUNG

▪ *Filet in kurze, dicke Streifen schneiden.*
▪ *Die Hälfte der Butter in einer Bratpfanne erhitzen. Fleischstreifen hineingeben und 1 Minute in der heißen Butter wenden.*
▪ *Fleisch herausnehmen und warm stellen, am besten so, daß der Fleischsaft aufgefangen werden kann. Die Pfanne beiseite stellen.*
▪ *In einer zweiten Pfanne die Zwiebeln in der restlichen Butter dünsten. Wenn die Zwiebelstücke weich genug sind, Bouillon dazugießen und aufkochen. Warm stellen.*
▪ *In der ersten Bratpfanne den Fond mit der sauren Sahne löschen. Fleisch, Fleischsaft, Zwiebeln und Bouillon hineingießen.*
▪ *Senf, Tomatenmark und Zitronensaft einrühren und wieder erhitzen, aber nicht zum Kochen bringen. Sofort servieren.*

HINWEIS

Bœuf Stroganoff, wird – ebenso wie *Tournedos Rossini* – häufig schlechtgemacht. Wenn es wie hier angegeben richtig gekocht wird, ist es köstlich. Es muß aber aus Filetsteak hergestellt werden und nichts anderem, sonst ist es kein *Stroganoff.* Und warum wird *Tournedos Rossini* schlechtgemacht? Sehr einfach. Haben Sie dieses Stück Rindfleisch jemals mit einer Scheibe frischem Trüffel und *foie gras* (gebraten, nicht püriert) genossen? Dies wäre die klassische Präsentation, anstatt mit einer Scheibe Pâté und gebratenem Brot.

Tatar
BEEFSTEAK TARTARE

FÜR 1 PERSON

Zubereitung: 5-10 Min.

ZUTATEN

175 g Filetsteak

Salz und Pfeffer

1 Eigelb

2 Sardellenfilets

1 kleine Zwiebel, feingehackt

1 Gewürzgurke

ZUBEREITUNG

■ Fleisch von Fett und Sehnen befreien und durch einen Fleischwolf drehen. Mit Salz und Pfeffer abschmecken.

■ Das Fleisch in einem flachen Kreis auf einem Teller anrichten, in die Mitte eine Mulde drücken und das Eigelb hineingeben.

■ Sardellenfilets und Zwiebeln um das Eigelb herum arrangieren, das Fleisch mit der gefächerten Gewürzgurke garnieren.

■ Alle Zutaten werden erst am Tisch nach Geschmack gemischt.

TIP VOM KOCH

Da sind noch ein oder zwei Zutaten, die man diesem köstlichen Gericht beigeben kann: Tabasco oder Worcestersauce, Kapern oder selbst ein Spritzer Wodka ist sehr pikant. Aber seien Sie vorsichtig! Dies ist ein Gericht für Fleischliebhaber und nicht für „Chili"-Süchtige.

Rindschmorbraten in Rotwein
BOEUF À LA BOURGUIGNONNE

FÜR 6 PERSONEN

Kochzeit: 2¹/₂ - 3 Std.
Temperatur: 180 °C

ZUTATEN

1 kg Rindfleisch
(von der Oberseite oder Keule)

50 g Schmalz oder Fett

4 EL Mehl

2 Knoblauchzehen

600 ml Rotwein

Salz und Pfeffer

2 EL getrocknete Kräuter, gemischt

100 g magerer Speck

1 große Zwiebel

1 EL Tomatenmark

225 g Champignons

ZUBEREITUNG

▪ Backofen vorheizen. Fleisch in große Würfel schneiden.
▪ Schmalz bei mittlerer Hitze zerlassen und das Fleisch darin anbraten. Warm stellen. Bratfond in der Pfanne aufbewahren.
▪ Fleisch in eine Auflaufform legen, mit Mehl bestäuben und 10 Minuten im Backofen offen garen.
▪ Knoblauch, Rotwein, Salz, Pfeffer und Kräuter hinzufügen. Fleisch wenn nötig mit Wasser bedecken, mit einem Deckel zudecken und braten.
▪ Während das Fleisch gart, Speck würfeln und im Bratfond kurz anbraten. Zwiebel grob hacken und zum Speck geben. Wenn die Speck-Zwiebelmischung angebräunt ist, zum Fleisch geben.
▪ 15 Minuten bevor das Fleisch gar ist, Tomatenmark und gehackte Champignons hineingeben.
▪ Vor dem Servieren noch einmal mit Salz und Pfeffer abschmecken.

Rindfleisch mit Oliven und Weinbrand
BOEUF EN DAUBE À LA MARSEILLAISE

FÜR 8 PERSONEN

Marinierzeit: 8 Std.
Kochzeit: 3-4 Std.
Temperatur: 180 °C

ZUTATEN

1½ kg Schulter- oder Rumpsteak

300 ml Rotwein

150 ml Weinbrand

225 g Karotten

225 g Zwiebeln

4 Knoblauchzehen, zerdrückt

4 EL getrocknete Kräuter, gemischt

4 EL Öl

225 g fetter Speck

Salz und Pfeffer

ZUBEREITUNG

▓ Fleisch in große Stücke schneiden und über Nacht in Rotwein und Weinbrand mit in Scheiben geschnittenen Karotten, Zwiebeln, zerdrückten Knoblauchzehen, Kräutern und Öl marinieren.
▓ Backofen vorheizen. Speck würfeln und 2-3 Minuten im ungesalzenen, kochenden Wasser blanchieren.
▓ Den Boden der Auflaufform mit Speck auslegen, Fleisch und Gemüse darüber schichten und mit der Marinade bedecken.
▓ Fest zugedeckt im vorgeheizten Backofen garen.
▓ Mit Salz und Pfeffer gut würzen und servieren.

Überbackene Schweinekoteletts
CÔTES DE PORC SAVOYARDES

FÜR 6 PERSONEN

Kochzeit: 25 Min.
Temperatur: 190 °C

ZUTATEN

50 g Butter

6 Koteletts, je 175 g

12 Lorbeerblätter (am besten frisch)

6 dünne Scheiben gekochter Schinken

2 EL frischer Salbei (keinen getrockneten verwenden)

100 g Greyerzer, gerieben

Pfeffer

ZUBEREITUNG

▓ Backofen vorheizen. Butter bei mittlerer Hitze zerlassen und Koteletts darin ca. 5 Minuten anbraten.
▓ Koteletts aus der Bratpfanne nehmen. Den Fond in eine feuerfeste Form gießen und diese mit Lorbeerblättern auslegen.
▓ Koteletts auf die Lorbeerblätter legen und mit je einer Scheibe Schinken bedecken. Den feingehackten Salbei über den Schinken streuen.
▓ Käse darüber streuen und das Ganze zugedeckt im Backofen 20 Minuten garen.
▓ Mit Pfeffer abschmecken und servieren; Salz ist bei diesem Gericht nicht notwendig.

FLEISCHGERICHTE

Gegrillte Lammkoteletts mit Geflügelgehacktem
CÔTELETTES D'AGNEAU MADELON

FÜR 6 PERSONEN

Kochzeit: 25 Min.
Temperatur: 190 °C

ZUTATEN

50 g Butter

12 Lammkoteletts, je 75 g

225 g gekochtes Hühner-, Puten- oder Kalbsgehacktes

4 EL Béchamelsauce (*siehe* Helle Grundsaucen)

50 g frische Brotkrumen

ZUBEREITUNG

▧ Backofen vorheizen. Butter bei mittlerer Hitze zerlassen und Koteletts darin – nur von einer Seite – bräunen. Bratfond auffangen.

▧ Das Gehackte mit Béchamelsauce mischen (siehe Tip vom Koch).

▧ Diese Mischung gleichmäßig auf die 6 ungebräunten Kotelettseiten verteilen. Brotkrumen darüber streuen und den Bratfond darüber gießen.

▧ Im Backofen 20 Minuten braten, bis die Brotkrumen knusprig und dunkelbraun sind.

TIP VOM KOCH

Dies ist ein klassisches Rezept, um einfachen Lammkoteletts eine besondere Note zu geben. Es ist auch eine Variante für Puten- oder Hühnerreste. Auch muß es nicht unbedingt Hühner- oder Putengehacktes sein. Dieses Gericht kann auch mit gehackten Pilzen, Auberginen oder Paprikaschoten verfeinert werden.

Lammtopf
NAVARIN D'AGNEAU

FÜR 6 PERSONEN

Kochzeit: 2½ Std.
Temperatur: 170 °C

ZUTATEN

1 kg Lammschulter, entbeint

50 g Butter oder Fett

4 EL Mehl

3 Knoblauchzehen

2 EL getrocknete gemischte Kräuter: Basilikum, Majoran, Rosmarin, Oregano oder Kerbel

2 EL Tomatenmark

24 Perlzwiebeln

225 g Karotten

450 g neue Kartoffeln

Salz und Pfeffer

ZUBEREITUNG

■ Backofen vorheizen. Fleisch vom Fett trennen und in 4 cm große Würfel schneiden.
■ Butter oder Fett bei mittlerer Hitze zerlassen und Lammfleisch darin gut anbräunen.
■ Den größten Teil des Fetts abschöpfen. Fleisch mit Mehl bestäuben. Goldbraun braten.
■ Knoblauchzehen zerdrücken und kurz andünsten.
■ Tomatenmark und Kräuter zum Fleisch geben, mit Wasser bedecken und zum Kochen bringen.
■ Auflaufform zudecken und das Ganze im warmen Backofen 1 Stunde schmoren.
■ Zwiebeln schälen, Karotten in Stifte schneiden und nach 1 Stunde zum Fleisch geben. Weitere 45 Minuten garen lassen.
■ Kleine, neue Kartoffeln (siehe *Tip vom Koch*) hinzugeben und weiter simmern lassen, bis die Kartoffeln gar sind.
■ Falls nötig die Flüssigkeit abschöpfen, abschmecken und servieren.

TIP VOM KOCH

Wenn keine neuen oder kleinen Kartoffeln erhältlich sind, können auch große verwendet werden, diese jedoch auf Olivengröße zerkleinern.

Lamm-Couscous
COUSCOUS À L'AGNEAU

FÜR 6 PERSONEN

Kochzeit: 2 Std.

ZUTATEN

50 g Butter oder Schmalz

675 g Lammnacken oder -schulter

1 Zwiebel

225 g Karotten

225 g Steckrüben

100 g Tomatenmark

2 TL getrocknete Minze (oder die doppelte Menge frischer Minze)

1 mittelgroße Dose Kichererbsen (*siehe* Tip vom Koch)

Salz und Cayennepfeffer

ZUBEREITUNG

▪ *Butter oder Fett in einer gußeisernen Pfanne zerlassen. Fleisch in große Stücke schneiden und anbraten.*
▪ *Zwiebel, Karotten und Steckrüben grob schneiden, zum Fleisch geben und alles gut anbräunen.*
▪ *Fleisch mit Wasser bedecken, Tomatenmark und Minze einrühren und zugedeckt simmern lassen, bis das Lammfleisch gar ist.*
▪ *Kichererbsen zugeben (siehe Tip vom Koch) und kräftig mit Salz und Cayennepfeffer abschmecken.*

TIP VOM KOCH

Wenn man getrocknete Kichererbsen verwendet, müssen diese über Nacht in kaltem Wasser eingeweicht werden. Das Wasser wird später mit der Brühe zusammen verwendet. Nun zum Gericht selbst: Der Name stammt von der üblichen Beilage, einer Art körnigem Grieß aus Hartweizen (*siehe* Couscous als Schnellgericht). Couscous kann auch zu vielen anderen Fleischsorten, wie z.B. gegrilltem oder gebratenem Fleisch, Huhn, würziger Wurst und Lammmspießchen gereicht werden. In der Kochflüssigkeit kann man Sultaninen weich kochen und als Gewürz verwenden. Harissa, eine scharfe nordafrikanische Sauce, paßt auch zu diesem Gericht. Jeder kann sie sich nach Geschmack aus Tomatenmark, Flüssigkeit vom Gericht selbst und Cayennepfeffer mischen. Wie fand eine Sauce aus Nordafrika ihren Weg in französische Bistros? Die Verbindung entstand in der französischen Kolonialzeit in Nordafrika. Wie in England indische, so gibt es in Frankreich marokkanische Gerichte. Daher empfehlen wir als passenden Wein einen starken marokkanischen Rotwein, z.B. *Sidi Brahim*, oder jeden anderen schweren Rotwein.

Gebackene weiße Bohnen mit Ente à la Périgord

CASSOULET

FÜR 4 PERSONEN

Kochzeit: mindestens 2 Std.
Temperatur: 175 °C

ZUTATEN

1 Ente, ca. 2 kg

450 g grobes Salz

4 EL getrockneter Thymian (oder doppelte Menge frischer Thymian)

600 ml Entenschmalz

450 g weiße Bohnen, getrocknet

4 Knoblauchzehen

100 g Zwiebeln

50 g Butter

150 ml Tomatenmark

Salz und Pfeffer

100 g frische Brotkrumen

ZUBEREITUNG

- *Backofen vorheizen. 4 Portionen eingemachte Ente zubereiten (siehe Ente à la Périgord).*
- *6 Portionen weiße Bohnen mit Knoblauch und Tomaten zubereiten (siehe Weiße Bohnen mit Knoblauch und Tomaten).*
- *Boden der Auflaufform mit der Hälfte der Bohnen belegen.*
- *Entenfleisch darauf verteilen und mit mindestens 4 EL Bratenfett begießen. Zum Schluß wieder mit Bohnen bedecken.*
- *Das Ganze mit Brotkrumen bestreuen und weitere 4 EL geschmolzenes Bratenfett darüber verteilen.*
- *Im Backofen backen. Wenn die Bohnen und das Fleisch sehr heiß sind und die Brotkrumen mit dem Bratfett eine dicke Kruste gebildet haben, kann das Gericht serviert werden.*

TIP VOM KOCH

Dieses Gericht besteht eigentlich aus zwei zusammengefügten Rezepten. Zu der französischen Bezeichnung *confit* gibt es aber noch einiges mehr zu sagen. Sie wissen, wie *confit* aus Ente hergestellt wird (*siehe* Ente à la Périgord). In Frankreich wird aber auch aus Schweine- oder Entenfleisch *confit* hergestellt, und zwar mit der gleichen Methode. Oftmals werden auch beide Fleischarten zusammen verwendet. In Castelnaudary, woher dieses Gericht stammt, verwendet man gepökeltes, mageres Schweinefleisch, Knoblauchwurst, Lamm *und* Gans oder Ente. Es bleibt Ihnen überlassen, welche Variante Sie bevorzugen.

Sauerkraut Elsässer Art
CHOUCROUTE GARNIE

FÜR 6 PERSONEN

Kochzeit: 2-2½ Std.
Temperatur: 180 °C

ZUTATEN

1 kg Sauerkraut

175 g Speckschwarte

225 g Speck

225 g Kochwurst

675 g Schweinesteak oder Kotelett (*siehe* Nebenbei)

2 mittelgroße Zwiebeln

2 Gewürznelken

2 mittelgroße Karotten

2 EL getrocknete Kräuter

½ Flasche trockener Weißwein

75 g Schmalz, Schweine-, Enten- oder Gänsefett

6 Frankfurter Würstchen

ZUBEREITUNG

▪ Backofen vorheizen. Sauerkraut waschen und ausdrücken.
▪ Eine Auflaufform, die groß genug für alle Zutaten ist, erst mit Speckschwarten, dann mit der Hälfte des Sauerkrauts auslegen.
▪ Speck würfeln und blanchieren. Schweinefleisch, Kochwurst und blanchierten Speck auf dem Sauerkraut verteilen.
▪ Je eine Nelke in die Zwiebeln drücken und diese zusammen mit den Karotten und Kräutern in die Form geben.
▪ Mit dem restlichen Sauerkraut das Fleisch bedecken. Wein und Schmalz darüber verteilen. In der geschlossenen Form 2 Stunden im Backofen schmoren.
▪ Dann die Frankfurter obenauf legen und weitere 30 Minuten garen lassen.
▪ Zwiebeln und Karotten herausnehmen. Sauerkraut in eine Schüssel geben und mit dem Fleisch rundherum garnieren. Salz brauchen Sie dazu nicht.

NEBENBEI

Zum Schweinefleisch kann man auch Ente, Gans oder beides hinzufügen.

Nie werde ich einen bestimmten Wintersonntag in der Champagne vergessen: Mein Gastgeber, ein Winzer, bereitete für uns die Königin der Sauerkrautgerichte zu. Fast alle Gäste am Tisch waren selbst Champagnerhersteller. Während wir uns an Bergen von Gänsefleisch, Würsten, Schweinefleisch und Sauerkraut labten, tranken wir alle Arten von Weinen aus heimischen Kellern: trockenen, roten und Rosé, alle aus dem Anbaugebiet der Champagne.

Schweinekotelett mit Sahne und Äpfeln
CÔTES DE PORC À LA NORMANDE

FÜR 6 PERSONEN

Kochzeit: 25 Min.

ZUTATEN

50 g Butter

6 Schweinekoteletts, je 175 g

450 g Kochäpfel

Saft einer Zitrone

300 ml Sahne

Salz und Pfeffer

ZUBEREITUNG

- Butter bei mittlerer Hitze zerlassen.
- Koteletts darin braten und warm stellen.
- Kerngehäuse aus den Äpfeln entfernen und diese in Scheiben schneiden. Im Bratfond ca. 5 Minuten weich dünsten und warm stellen. Scheiben möglichst nicht zerkochen lassen.
- In die gleiche Pfanne Zitronensaft und Sahne geben und die Flüssigkeit um ein Drittel reduzieren.
- Mit Salz und Pfeffer abschmecken und Koteletts mit den Äpfeln belegt servieren.

TIP VOM KOCH

Zur Verfeinerung einen Schuß Calvados über die Äpfel geben.

NEBENBEI

Rahmgerichte sind ebenso typisch für die Normandie wie Cidre und Calvados. Auch deftigere Produkte wie Butter, Käse, Lamm und Schwein gehören zum täglichen Menü – nichts für zurückhaltende Esser.

Kalbskotelett mit Kräutern
CÔTES VEAU AUX FINES HERBES

FÜR 6 PERSONEN

Kochzeit: 12-15 Min.

ZUTATEN

100 g Butter

6 Kalbskoteletts, je 175 g

150 ml Weißwein

2 EL Petersilie, Estragon und Kerbel

Salz und Pfeffer

ZUBEREITUNG

- Die Hälfte der Butter bei mittlerer Hitze zerlassen.
- Kalbskoteletts darin nach Geschmack braten. Warm stellen.
- Bei stärkerer Hitze den Weißwein in den Bratfond geben und auf die Hälfte reduzieren.
- Kräuter zugeben.
- Pfanne von der Herdplatte nehmen und die restliche Butter in den Fond rühren.
- Abschmecken und Sauce über die Koteletts gießen.

Kalbsleber mit Zwiebeln und Weißwein
FOIE DE VEAU À LA LYONNAISE

FÜR 6 PERSONEN

Kochzeit: 15 Min.

ZUTATEN

80 g Butter

3 große Zwiebeln

3 Knoblauchzehen

6 Scheiben Kalbsleber, je 100 g

90 ml Weißwein

Salz und Pfeffer

ZUBEREITUNG

- Zwei Drittel der Butter bei mittlerer Hitze zerlassen. In dünne Ringe geschnittene Zwiebeln und zerdrückte Knoblauchzehen in der Butter dünsten, bis die Zwiebeln gut gebräunt sind. Zwiebeln mit einem Schaumlöffel aus dem Fond nehmen und warm stellen.
- Hitze erhöhen und die restliche Butter zerlassen.
- Leber in der heißen Butter anbraten – je 1 Minute von jeder Seite. Aus der Butter nehmen.
- Mit Weißwein den Bratfond ablöschen und 30 Sekunden lang stark aufkochen. Zwiebeln hineingeben und umrühren.
- Über die Kalbsleber gießen, abschmecken und sofort servieren.

Wildgerichte

Kaninchen in Rotwein 69

Geschmorte Wachteln 70

Gebratene Rehmedaillons mit Calvados 71

Rebhuhn mit Kohl 72

Fasan in Rahmsauce 73

Tauben mit Zwiebeln, Speck
und Champignons 74

Hase in Weißwein mit Champignons 75

WILDGERICHTE

Kaninchen in Rotwein
GIBELOTTE DE LAPIN

FÜR 6 PERSONEN

Kochzeit: 1½ Std.
Temperatur: 170 °C

ZUTATEN

100 g Butter oder Schmalz

1½ kg Kaninchen

40 g Mehl

2 Knoblauchzehen, zerdrückt

1 große Zwiebel, feingehackt

450 ml Rotwein

5 Scheiben magerer Speck

20 Perlzwiebeln

450 g kleine neue Kartoffeln
(*siehe* Tip vom Koch)

Salz und Pfeffer

ZUBEREITUNG

■ *Backofen vorheizen. Kaninchen in Stücke schneiden. Die Hälfte der Butter im Brattopf zerlassen und die Fleischstücke ca. 5 Minuten darin anbraten. Die angebräunten Stücke mit Mehl bestäuben, Knoblauch und Zwiebeln in den Topf geben. Fleisch mit Rotwein und genügend Wasser bedecken und im vorgeheizten Backofen zugedeckt schmoren.*
■ *Währenddessen den Speck würfeln und die Perlzwiebeln schälen. Beides in der restlichen Butter bräunen. Warm stellen.*
■ *Nach 20 Minuten Speck und Perlzwiebeln in den Brattopf geben. Weiter zugedeckt schmoren.*
■ *Nach weiteren 20 Minuten die geschälten Kartoffeln in den Fleischtopf geben.*
■ *Das Ganze noch ungefähr eine Stunde schmoren, dann abschmecken und servieren.*

TIP VOM KOCH

Wenn keine kleinen neuen Kartoffeln erhältlich sind, können auch zerkleinerte alte verwendet werden.
Und nun zu den Kaninchen: Es gibt so viele Rezepte für Kaninchengerichte, wie es Kaninchen gibt. Das fettfreie Fleisch ist sehr gesund, der Geschmack unterschiedlich, jedoch nicht streng.
Also essen und genießen.

Geschmorte Wachteln
CAILLES BONNE MAMAN

FÜR 6 PERSONEN

Kochzeit 15 Min.

ZUTATEN

50 g Butter

100 g Zwiebeln

100 g Staudensellerie

225 g Karotten

6 Wachteln

150 ml Bouillon (*siehe* Fleisch- und Fischbrühe) oder ½ Brühwürfel, in 150 ml heißem Wasser gelöst

Salz und Pfeffer

ZUBEREITUNG

■ *Butter bei mittlerer Hitze zerlassen.*
■ *Zwiebeln, Sellerie und Karotten in sehr dünne Scheiben schneiden. Bei schwacher Hitze Gemüse 5 Minuten in der Butter dünsten.*
■ *Wachteln hineingeben, Hitze erhöhen, damit sich die Fleischporen schließen, dann bei schwacher Hitze weiterschmoren.*
■ *Bouillon hineingießen, zudecken und 10 Minuten simmern lassen. Abschmecken und servieren.*

TIP VOM KOCH

Dieses Gericht kann auch kalt gegessen werden, wozu sich ein gekühlter Chardonnay anbietet. Wenn die Wachteln heiß serviert werden, ist allerdings Rotwein zu empfehlen.

Gebratene Rehmedaillons mit Calvados

MÉDAILLONS DE CHEVREUIL GRILLÉS AU CALVADOS

FÜR 6 PERSONEN

Vorbereitungszeit: 30 Min.
Kochzeit: 10-12 Min.

ZUTATEN

50 g Butter

6 Rehmedaillons,
je 150 g

60 ml Calvados

1 TL brauner Zucker

Saft einer halben Zitrone

150 ml Fleischbrühe
(*siehe* Fleisch- und Fischbrühe)

150 ml Sahne

Salz und Pfeffer

ZUBEREITUNG

■ *Medaillons bedeckt bei Zimmertemperatur erwärmen* (siehe *Wie man Fleisch grillt*).
■ *Butter in einer gußeisernen Pfanne bis zum Schäumen erhitzen. Medaillons 2-3 Minuten von jeder Seite anbraten und zugedeckt warm stellen.*
■ *Bei niedriger bis mittlerer Hitze den Calvados in die Pfanne gießen, Zucker und Zitronensaft einrühren.*
■ *Hitze wieder erhöhen, Brühe hineingießen. Wenn sie anfängt zu kochen, die Sahne hineinrühren.*
■ *Bei gleichbleibender Hitze den Bratfond so weit einkochen wie gewünscht. Mit Salz und Pfeffer würzen. Die Hälfte der Sauce auf die Teller gießen, die Medaillons darauf anrichten und etwas Sauce über das Fleisch gießen. Sofort servieren.*

HINWEIS

Rehmedaillons sind zarter und bekömmlicher als Rinderlendensteaks, auch haben sie nicht den typischen Wildgeschmack. Dieses Fleisch, das weniger Fett als Rindfleisch aufweist, sollte „medium" serviert werden. Als Wein ist zu diesem luxuriösen Gericht ein edler Burgunder zu empfehlen.

Rebhuhn mit Kohl

PERDREAUX AUX CHOUX

FÜR 6 PERSONEN

Kochzeit: ca. 2 Std.
Temperatur: 180 °C

ZUTATEN

50 g Butter oder Schmalz

3 Rebhühner

1½ kg Kohl

4 Scheiben magerer Speck

350 g Knoblauchwurst

2 mittelgroße Karotten, geschält und in Scheiben geschnitten

2 mittelgroße Zwiebeln, geschält und in Scheiben geschnitten

300 ml Bouillon (siehe Fleisch- und Fischbrühe)

Salz und Pfeffer

ZUBEREITUNG

▪ Backofen vorheizen. Butter oder Schmalz in einer großen gußeisernen Pfanne bei mittlerer Hitze zerlassen. Bei starker Hitze die Rebhühner 2-3 Minuten von jeder Seite bräunen.

▪ Kohl schneiden und 2-3 Minuten in kochendem Wasser blanchieren. Speck würfeln und im selben Wasser ebenfalls blanchieren. Knoblauchwurst in Stücke schneiden.

▪ Rebhühner in einem großen Topf mit Kohl bedecken und mit Speck, Knoblauchwurst und den in Scheiben geschnittenen Karotten, Zwiebeln und der Bouillon kräftig aufkochen.

▪ Hitze reduzieren, Topf zudecken und bei schwacher Hitze kochen, bis die Rebhühner gar sind. Diese dann sofort herausnehmen und warm stellen (siehe *Tip vom Koch*).

▪ Wenn alle anderen Zutaten gar, aber noch wässrig sind, ein wenig Flüssigkeit abgießen. Gemüse herausheben und warm stellen.

▪ Flüssigkeit reduzieren, bis sie dickflüssig ist. Abschmecken, Rebhühner auf einer Platte anrichten, mit dem Gemüse garnieren und die Sauce darüber gießen.

TIP VOM KOCH

„Warm stellen" bedeutet, die Gerichte in einen Ofen mit niedriger Hitze vor Abkühlung schützen. Die Speisen sollten dann allerdings mit Deckel oder Alufolie bedeckt werden.

Fasan in Rahmsauce
FAISANS À LA CRÈME

FÜR 6 PERSONEN

Kochzeit: 35-40 Min.

ZUTATEN

100 g Butter

2 junge Fasane, je 1 kg

450 ml Sahne

60 ml Fleischglace (*siehe* Fleisch- und Fischbrühe)

450 g Champignons

Salz und Pfeffer

ZUBEREITUNG

■ In einer Pfanne, die groß genug für 2 Fasane ist, die Hälfte der Butter zerlassen.

■ Fasane vierteln (siehe Entbeinen und Tranchieren) und zuerst bei starker Hitze die Fasanenteile sautieren. Nach 3-4 Minuten das Fleisch wenden. Weitere 3-4 Minuten sautieren, dann die Hitze reduzieren. (Beim Anbraten soll die Hitze so hoch sein, daß die Butter zischt, aber nicht so heiß, daß sie anbrennt.)

■ Fleisch nach 10 Minuten abermals wenden und weitere 10 Minuten braten. Herausnehmen und warm stellen (siehe Tip vom Koch auf S. 72).

■ Sahne und Fleischglace in den Topf gießen und mit dem Bratfond zu einer dicken Sauce einkochen. Abschmecken.

■ Während die Sauce kocht, Champignons in der restlichen Butter braten.

■ Fasanenteile auf einer Platte anrichten und mit Rahmsauce und Champignons garnieren.

TIP VOM KOCH

Zehn Minuten Kochzeit ist alles, was diese Vögel benötigen. Das Fleisch wird rosarot serviert, und das war es! Sollte es sich jedoch um ältere Vögel handeln, muß man nach dem Rezept *Kaninchen in Rotwein* verfahren. Anstatt Brühe kann man auch Brühwürfel direkt in die Sahne bröckeln oder zuvor in kochendem Wasser auflösen. Bei Verwendung von Brühwürfeln muß die Sahne vor dem Reduzieren abgeschmeckt werden, damit sie nicht zu salzig wird. Es wird behauptet, Sahne gerinne beim Kochen. Aber es wird vieles behauptet, nicht wahr?

Tauben mit Zwiebeln, Speck und Champignons
PIGEONS À LA BOURGUIGNONNE

FÜR 4 PERSONEN

Kochzeit: 50-60 Min.
Temperatur: 180 °C

ZUTATEN

50 g Butter

2 junge Tauben

20 Perlzwiebeln

2 Scheiben magerer Speck

150 ml Weißwein (trocken oder lieblich)

150 ml Fleischbouillon (*siehe* Fleisch- und Fischbrühe)

225 g Champignons

150 ml Sahne

Salz und Pfeffer

ZUBEREITUNG

■ *Backofen vorheizen. Butter bei starker Hitze aufschäumen.*

■ *Hitze reduzieren und die Tauben von jeder Seite 1-2 Minuten darin anbraten. Aus der Pfanne nehmen und warm stellen.*

■ *Geschälte Zwiebeln und Speck würfeln und in der Butter leicht anbräunen.*

■ *Wein und Bouillon hineingießen, Tauben wieder in den Topf geben und zugedeckt 30 Minuten im Backofen schmoren.*

■ *In der Zwischenzeit die Champignons waschen und in Scheiben schneiden. Nach 30 Minuten zu den Tauben geben. Zu diesem Zeitpunkt kann auch, wenn nötig, Flüssigkeit abgeschöpft werden.*

■ *Fleisch weitere 15 Minuten im Backofen garen. Danach die Tauben herausnehmen und warm stellen. Bratfond in eine Pfanne gießen und bei starker Hitze aufkochen. Sahne dazugießen, aufkochen und je nach Geschmack andicken. Die Sauce sollte jedoch nicht länger als 10 Minuten kochen. Mit Salz und Pfeffer abschmecken, über die Tauben gießen und sofort servieren.*

TIP VOM KOCH

Es klingt eigenartig, aber es wird behauptet, das Täubchen dem Tintenfisch im Geschmack ähnlich seien. Beides sollte langsam gedünstet werden, um zart zu bleiben. Die Alternative wäre: bei starker Hitze sehr schnell kochen. Tintenfischringe können innerhalb von dreißig Sekunden gar sein, wenn sie fritiert oder blanchiert werden. Auf Zimmertemperatur erwärmte, mit Öl bestrichene Täubchenbrust, in Fächerform geschnitten, benötigt ebenfalls nur dreißig Sekunden Garzeit pro Seite.

Hase in Weißwein mit Champignons
LIÈVRE À LA FORESTIÈRE

FÜR 6 PERSONEN
Kochzeit: 1 Std.
Temperatur: 180 °C

ZUTATEN

- 50 g Butter
- 1 Hase, 1½ kg
- 150 ml Weißwein
- 1 Zweig Thymian
- 1 Prise Kerbel, Majoran oder Basilikum
- 2 Lorbeerblätter
- 3 Knoblauchzehen
- 100 g magerer Speck
- 450 g Champignons
- Salz und Pfeffer

ZUBEREITUNG

▪ Backofen vorheizen. Butter in einer gußeisernen Pfanne aufschäumen.

▪ Den Hasen in Stücke schneiden (siehe *Entbeinen und Tranchieren*) und in der heißen Butter anbraten.

▪ Fleisch aus der Pfanne nehmen und in eine feuerfeste Form legen. Wein, Thymian, Kräuter, Lorbeerblätter und die ganzen Knoblauchzehen hineingeben. Zugedeckt im Backofen eine Dreiviertelstunde schmoren.

▪ In der Zwischenzeit den gewürfelten Speck knusprig braten. Warm stellen. Die in Scheiben geschnittenen Champignons im selben Fett dünsten, bis sie weich sind.

▪ Nach der Dreiviertelstunde Speck und Champignons zum Fleisch geben und weitere 15 Minuten schmoren. Sauce abschmecken und sofort servieren.

TIP VOM KOCH

Kaninchen und Hase sehen vielleicht ähnlich aus, doch das Fleisch eines Hasen schmeckt viel kräftiger als Kaninchenfleisch, das eher dem Hühnerfleisch ähnelt.

Gemüsegerichte

Geschmorter Rotkohl mit Eßkastanien 77

Grüne Linsen mit Karotten, Zwiebeln und Knoblauch 78

Grüne Bohnen mit Knoblauch 79

Glasierte Steckrüben 80

Frische Erbsen mit Kopfsalat, Zwiebeln und Petersilie 81

Geschmorter Chicorée 82

Weiße Bohnen mit Knoblauch und Tomate 82

Geschmorte Eßkastanien mit Speck 83

Gefüllte Auberginen mit Knoblauch und Tomaten 84

Gefüllte Ofenkartoffeln 85

Pommes frites 86

Gebackene Ofenkartoffeln 87

Bratkartoffeln mit Zwiebeln 88

Backkartoffeln mit Tomate und Paprika 89

Kartoffelgratin 90

Kartoffelgratin mit Zwiebeln und Käse 91

GEMÜSEGERICHTE

Geschmorter Rotkohl mit Eßkastanien
CHOU ROUGE À LA LIMOUSINE

FÜR 4 PERSONEN

Kochzeit: 2 Std.
Temperatur: 175 °C

ZUTATEN

1 kg Rotkohl

3 EL Butter oder Fett

450 g Eßkastanien, geschält

100 g brauner Zucker

1 Brühwürfel in 300 ml Wasser aufgelöst
oder
300 ml Bouillon
(*siehe* Fleisch- und Fischbrühe)
oder
300 ml Cidre

Salz und Pfeffer

ZUBEREITUNG

▪ *Backofen vorheizen. Rotkohl in feine Streifen schneiden.*
▪ *Feuerfeste Form mit Butter oder Fett ausstreichen.*
▪ *Rotkohl, Eßkastanien und Zucker sowie Bouillon, Brühe oder Cidre zugießen und zugedeckt im Backofen schmoren.*
▪ *Mit Salz und Pfeffer abschmecken und servieren.*

TIP VOM KOCH

Rotkohl ist ein kräftiger Kohl, der beim Wiederaufwärmen seine Qualität nicht verliert. Vor dem Aufwärmen nur etwas Flüssigkeit dazugießen.

FRANZÖSISCHE BISTRO-KÜCHE

Grüne Linsen mit Karotten, Zwiebeln und Knoblauch
LENTILLES À LA LORRAINE

FÜR 6 PERSONEN
Kochzeit: ca. 1 Std.
ZUTATEN
450 g grüne Linsen
50 g Butter
1 große Zwiebel
2 Knoblauchzehen
1 mittelgroße Karotte
3 EL Mehl
1 Prise Thymian, Petersilie und Salbei
Salz und Pfeffer

ZUBEREITUNG

▪ Linsen unter kaltem Wasser gut abspülen und dann weich kochen (siehe Tip vom Koch). Warm stellen.

▪ Inzwischen die Zwiebel würfeln, Knoblauchzehen zerdrücken und die Karotte in dünne Streifen schneiden.

▪ Butter bei schwacher Hitze in einem zweiten Topf zerlassen.

▪ Zwiebeln, Karotte und Knoblauch darin anbräunen, mit Mehl bestäuben und alles zusammen goldbraun werden lassen.

▪ Mit einem Schaumlöffel die Linsen aus dem Sud heben und zum Gemüse geben. Nach und nach den Linsensud dazugießen, bis eine sahnige Konsistenz erreicht ist.

▪ Mit Salz und Pfeffer abschmecken, Kräuter zugeben und servieren.

TIP VOM KOCH

Da rote Linsen schneller zerfallen, empfehlen wir grüne Linsen für dieses Gericht. Wenn Sie rote Linsen nehmen, sollten sie rechtzeitig vor dem Aufplatzen von der Herdplatte genommen werden.

Grüne Bohnen mit Knoblauch
HARICOTS VERTS À L'AIL

FÜR 6 PERSONEN

Kochzeit: Bohnen 10 Min.
Zuckererbsen 2 Min.

ZUTATEN

675 g grüne Bohnen oder
675 g Zuckererbsen

80 g Butter

3 Knoblauchzehen

Salz und Pfeffer

ZUBEREITUNG

▪ Bohnen in Salzwasser 8 Minuten blanchieren. Zuckererbsen benötigen nur 30 Sekunden.
▪ Butter in einer Pfanne bei schwacher Hitze zerlassen.
▪ Zerdrückte Knoblauchzehen dazugeben.
▪ Hitze erhöhen. Wenn der Knoblauch zu zischen beginnt, Bohnen oder Zuckererbsen dazugeben.
▪ Bohnen oder Zuckererbsen 1 Minute leicht anbraten, mit Salz und Pfeffer abschmecken und sofort servieren.

TIP VOM KOCH

Auch Rosenkohl kann nach diesem Rezept zubereitet werden, sollte aber, je nach Größe, 6-10 Minuten blanchiert werden.

FRANZÖSISCHE BISTRO-KÜCHE

Glasierte Steckrüben
NAVETS GLACÉS

FÜR 6 PERSONEN
Kochzeit: 25 Min.

ZUTATEN

1 1/2 kg Steckrüben

50 g Butter

2 EL Zucker

Salz

ZUBEREITUNG

■ Steckrüben in kleine Stückchen oder Olivenform schneiden (siehe *Tip vom Koch*).
■ Butter bei schwacher Hitze zerlassen.
■ Steckrüben und Zucker in die Butter geben. Gemüse mit Wasser bedecken.
■ Flüssigkeit bis zum Glasieren der Steckrüben einkochen.

TIP VOM KOCH
Kleine Rübchen (während der Erntesaison erhältlich) ganz lassen.

Frische Erbsen mit Kopfsalat, Zwiebeln und Petersilie
PETITS POIS À LA FRANÇAISE

FÜR 4 PERSONEN

Kochzeit: 25 Min.

ZUTATEN

50 g Butter

900 g Erbsen

1 kleiner Kopfsalat

8 kleine Perlzwiebeln

2 EL frische Petersilie, feingehackt

1 Prise Zucker

1 TL Mehl

Salz und Pfeffer

ZUBEREITUNG

- Butter im Topf zerlassen und Erbsen hineingeben.
- Kopfsalat waschen und kleinzupfen. Zwiebeln schälen, aber nicht schneiden und mit der Petersilie zusammen zu den Erbsen geben.
- Hitze stark reduzieren, Zucker und Mehl hineinrühren, mit Wasser auffüllen, bis die Erbsen gerade bedeckt sind, salzen.
- Zugedeckt ca. 20 Minuten kochen, bis Erbsen und Zwiebeln weich sind. Die Flüssigkeit sollte fast verkocht sein.

Geschmorter Chicorée
ENDIVES BRAISÉES

FÜR 6 PERSONEN

Kochzeit: 1 Std.
Temperatur: 170 °C

ZUTATEN

1 kg Chicorée

50 g Butter

Saft einer Zitrone

Salz und Pfeffer

150 ml Fleischvelouté
(*siehe* Helle Grundsaucen)

ZUBEREITUNG

- *Backofen vorheizen. Chicorée 5 Minuten in siedendem Wasser blanchieren, dann abgießen.*
- *Feuerfeste Form mit der zerlassenen Butter fetten und das Gemüse so hineinlegen, daß es nicht übereinanderliegt.*
- *Mit Salz und Pfeffer bestreuen, Zitronensaft und Fleischvelouté darüber gießen.*
- *Zugedeckt ca. 50 Minuten im Backofen schmoren.*

NEBENBEI

Was sind Endivien, was ist Chicorée? Die Bezeichnungen werden in verschiedenen Sprachen unterschiedlich verwendet.

In Deutschland gilt:

Chicorée: blaßgrüne bis weiße Spindeln, die als Gemüse oder Salat verwendet werden können;

Endivie: kopfsalatähnliche Pflanze mit feingekräuselten Blättern, auch Friseesalat genannt.

Weiße Bohnen mit Knoblauch und Tomate
HARICOTS BLANCS À LA BRETONNE

Vorbereitung: 2 Std.
Kochzeit 1½ - 2 Std.

ZUTATEN

500 g weiße Bohnen, getrocknet

4 Knoblauchzehen

100 g Zwiebeln

50 g Butter

150 ml Tomatenmark

Salz und Pfeffer

ZUBEREITUNG

- *Bohnen in kaltem Wasser 2 Stunden einweichen. Abgießen.*
- *Knoblauch zerdrücken, Zwiebeln in dicke Ringe schneiden und in Butter sautieren.*
- *Bohnen und Tomatenmark zugeben, mit Wasser bedecken und aufkochen. Hitze reduzieren und schwach weiterkochen. Evtl. Wasser hinzugießen, wenn dieses verkocht ist. Die Bohnen müssen stets mit Wasser bedeckt sein.*
- *Mit Salz und Pfeffer abschmecken und servieren.*

TIP VOM KOCH

Dieses Gericht ist eine leckere Beilage zu Lammkeule und Grundlage für Castelnaudary (*siehe* Gebackene weiße Bohnen mit Ente à la Périgord).

Geschmorte Eßkastanien mit Speck
MARRONS BRAISÉS AU LARD

FÜR 6 PERSONEN

Kochzeit: 20 Min.

ZUTATEN

500 g Eßkastanien, frisch oder aus der Dose

50 g Butter

1 große Zwiebel

100 g magerer Speck

1 mittelgroße Karotte

1 Zweig Thymian oder 2 Mspn. getrockneter Thymian

150 ml Bouillon (*siehe* Fleisch- und Fischbrühe) oder 1 Brühwürfel

Salz und Pfeffer

ZUBEREITUNG

▪ Frische Eßkastanien schälen *(siehe* Tip vom Koch*)*. Konservierte Kastanien abspülen.
▪ Butter in der Pfanne zerlassen und die feingehackte Zwiebel darin leicht anbräunen.
▪ Speck und Karotte würfeln und zusammen mit den Eßkastanien, dem Thymian und der Bouillon in die Pfanne geben.
▪ Zugedeckt ca. 15 Minuten bei schwacher Hitze schmoren. Mit Salz und Pfeffer abschmecken und servieren.

TIP VOM KOCH

Eßkastanien sind schwer zu schälen. Wenn sie aber mit einem scharfen Messer eingeschnitten und 5 Minuten in heißes Öl getaucht werden, springt die Schale auf, und sie sind einfacher zu schälen. Das Öl darf jedoch nicht so heiß sein, daß die Kastanien fritiert werden.

Gefüllte Auberginen mit Knoblauch und Tomaten
AUBERGINES FARCIES À LA PROVENÇALE

FÜR 6 PERSONEN

Kochzeit: 15 Min.
Temperatur: 200 °C

ZUTATEN

1 kg Auberginen

150 ml Olivenöl

1 kg Tomaten

4 Knoblauchzehen

2 EL Petersilie, feingehackt

Salz und Pfeffer

ZUBEREITUNG

▪ Backofen vorheizen. Auberginen der Länge nach durchschneiden.
▪ Bei starker Hitze in Öl 2 Minuten von jeder Seite anbraten. Abtropfen und abkühlen lassen.
▪ Tomaten entkernen, würfeln und ebenfalls in Öl leicht anbraten.
▪ Auberginen auslöffeln, so daß eine Schale von ca. $1/2$ cm Dicke übrig bleibt. Auberginenfleisch kleinschneiden. Schalen warm stellen.
▪ Knoblauch zerdrücken und zusammen mit dem Auberginenfleisch zu den Tomaten geben. Petersilie hineinrühren und mit Salz und Pfeffer würzen.
▪ Ca. 5 Minuten bei mittlerer Hitze schmoren. Mit einem Schaumlöffel die Mischung aus dem Öl heben, abtropfen lassen und die Auberginenschalen damit füllen. Schalen im Backofen aufwärmen und heiß servieren.

Gefüllte Ofenkartoffeln
POMMES FARCIES AU FOUR

FÜR 6 PERSONEN

Kochzeit: 70 Min.
Temperatur: 200 °C

ZUTATEN

6 Kartoffeln, je 150 g

150 ml Sahne
mit 75 ml Milch verrührt

50 g Butter

50 g Greyerzer, gerieben

Salz und Pfeffer

ZUBEREITUNG

■ *Kartoffeln in der Schale 1 Stunde backen, bis sie fast gar sind. Der Länge nach halbieren.*

■ *Kartoffelinneres vorsichtig herausheben und die ca. $1/2$ cm dicken Schalen im Backofen weitere 10 Minuten backen, bis sie knusprig sind.*

■ *Inzwischen das Kartoffelinnere mit Sahne, Milch und der Hälfte des Käses mischen. Mit Salz und Pfeffer würzen.*

■ *Schalen aus dem Backofen nehmen, mit dem Püree füllen und den restlichen Käse darüber streuen.*

■ *Nochmals im Backofen ca. 10 Minuten bräunen, bis der Käse geschmolzen ist.*

Pommes frites
POMMES FRITES/POMMES ALLUMETTES

FÜR 6 PERSONEN

Kochzeit: 6-7 Min.

ZUTATEN

1 l Fritierfett

1 kg Kartoffeln

Salz

ZUBEREITUNG

■ Öl auf 190 °C erhitzen.
■ Kartoffeln schälen und in 5 cm lange und $^1/_2$ cm dicke Streifen schneiden.
■ Im heißen Öl fritieren, abtropfen lassen und sofort servieren.

TIP VOM KOCH

Zwei Dinge sind beim Fritieren zu beachten:

■ Eine zu große Portion in der Friteuse kann das Öl zu kühl und die Kartoffeln zu weich werden lassen. Also lieber in kleinen Portionen fritieren.

■ Beim Fritieren tritt Wasser aus dem Gemüse aus und erhöht den Ölstand. Bei zu hohem Ölstand Fritierkorb aus dem Öl nehmen, bis sich das Öl wieder gesenkt hat.

Gebackene Ofenkartoffeln
POMMES À LA BOULANGÈRE

FÜR 6 PERSONEN
Kochzeit: 35-40 Min. Temperatur: 200 °C
ZUTATEN
100 g Fett
1 kg Kartoffeln
225 g Zwiebeln
1 l Gemüsebrühe (*siehe* Gemüsesud zum Pochieren)
Salz

ZUBEREITUNG

▪ Backofen vorheizen. Eine feuerfeste Form gut fetten.
▪ Kartoffeln in dicke Scheiben schneiden. Zwiebeln grob würfeln.
▪ Form mit Kartoffeln und Zwiebeln füllen und Gemüsebrühe oder Bouillon hineingießen.
▪ Im vorgeheizten Backofen Kartoffeln garen, bis die Flüssigkeit verdunstet ist. Abschmecken und servieren.

Bratkartoffeln mit Zwiebeln
POMMES À LA LYONNAISE

FÜR 6 PERSONEN
Kochzeit: 30-40 Min.
ZUTATEN
1 kg Kartoffeln
100 g Butter
225 g Zwiebeln
2 EL Petersilie, feingehackt
Salz und Pfeffer

ZUBEREITUNG

■ *Gewaschene Kartoffeln in der Schale gar kochen. Abgießen, pellen und in Scheiben schneiden. Kartoffelscheiben in ca. 50 g Butter dünsten.*

■ *Inzwischen Zwiebeln in dünne Scheiben schneiden. In einer zweiten Pfanne Zwiebeln in der restlichen Butter goldbraun braten.*

■ *Vor dem Servieren Kartoffeln und Zwiebeln zusammen 3-4 Minuten braten. Mit Salz und Pfeffer würzen und mit Petersilie bestreut servieren.*

Backkartoffeln mit Tomate und Paprika
POMMES À LA HONGROISE

FÜR 6 PERSONEN

Kochzeit: 30 Min.
Temperatur: 190 °C

ZUTATEN

50 g Butter

2 mittelgroße Zwiebeln

1 kg Kartoffeln

3 EL Tomatenpüree

300 ml Gemüsebrühe (*siehe* Gemüsesud zum Pochieren)

2 EL Paprika

Salz

ZUBEREITUNG

▪ Backofen vorheizen. Butter in einer feuerfesten Form zerlassen.

▪ Zwiebeln schälen, in Ringe schneiden und in Butter goldbraun braten. Kartoffeln schälen, in Scheiben schneiden und zu den angebräunten Zwiebeln geben.

▪ Tomatenmark und Gemüsebrühe oder Bouillon dazugießen und mit Paprika bestreuen.

▪ Salzen und ohne Deckel im Ofen garen, bis die Kartoffeln weich sind.

Kartoffelgratin
GRATIN DAUPHINOIS

FÜR 6 PERSONEN

Kochzeit: 40-50 Min.
Temperatur: 180 °C

ZUTATEN

50 g Butter

2 Knoblauchzehen

1 kg Kartoffeln

Salz und Pfeffer

Muskat

1 Ei

300 ml Milch

75 g Greyerzer, gerieben

ZUBEREITUNG

▪ *Backofen vorheizen. Feuerfeste Form gut mit Butter einfetten und mit zerdrücktem Knoblauch bestreuen.*

▪ *Die in dünne Scheiben geschnittenen Kartoffeln, Salz, Pfeffer und Muskat in Lagen in die Form legen.*

▪ *Ei und Milch verquirlen und die Kartoffeln damit bedecken.*

▪ *Mit geriebenem Käse bestreuen und im Backofen garen, bis die Kartoffeln weich sind und eine goldbraune Kruste haben.*

Kartoffelgratin mit Zwiebeln und Käse
GRATIN À LA SAVOYARDE

FÜR 6 PERSONEN

Kochzeit: 35-40 Min.
Temperatur: 190 °C

ZUTATEN

100 g Butter

175 g Zwiebeln

1 kg Kartoffeln

100 g Greyerzer

300 ml Gemüsebrühe (*siehe* Gemüsesud zum Pochieren)

Salz

ZUBEREITUNG

▪ *Butter bei schwacher Hitze zerlassen.*
▪ *Geschälte und in Ringe geschnittene Zwiebeln in der Butter weich dünsten.*
▪ *Geschälte und in Scheiben geschnittene Kartoffeln zu den Zwiebeln geben.*
▪ *Sehr dünne Scheiben vom Käse hobeln und unter die Kartoffeln und Zwiebeln mischen.*
▪ *Alles in einer feuerfesten Form anrichten und mit der Gemüsebrühe oder Bouillon übergießen. Salzen. Backen, bis die Kartoffeln gar sind.*

FRANZÖSISCHE BISTRO-KÜCHE

Eierspeisen, Nudel- und Reisgerichte

Kräuteromelett 93

Gebackene Eier in Rotwein 94

Gebackener Rahmkäse mit Eiern und Schinken 95

Gebratene Eier mit Kräutersauce 96

Gebratene Eier mit Paprikaschoten und Schinken 97

Französisches Rührei 98

Butternudeln mit Käse 99

Couscous als Schnellgericht 100

Reis mit Erbsen und gekochtem Schinken 101

EIERSPEISEN, NUDEL- UND REISGERICHTE

Kräuteromelett
OMELETTE AUX FINES HERBES

FÜR 1 PERSON

Kochzeit: 3–4 Min.

ZUTATEN

25 g Butter

2 Eier

je 1 EL frische Petersilie, Schnittlauch, Estragon und Kerbel

Salz und Pfeffer

HINWEIS

Woher stammt das Wort Omelett? Hier ein paar Möglichkeiten:

▪ Eine Zusammenziehung aus oeufs meslette, „gemischte Eier".

▪ Aus dem Altfranzösischen kommt alumette, „Blechplatte".

ZUBEREITUNG

▪ Butter in der Pfanne erhitzen, bis sie schaumig wird (siehe *Tip vom Koch*).

▪ Eier gut verquirlen und 1 Teelöffel kaltes Wasser zugießen.

▪ Eier in die Butter rühren. Darauf achten, daß der Pfannenboden gleichmäßig bedeckt ist.

▪ Sobald die Eier stocken, am Rand leicht lösen, Hitze reduzieren und die feingehackten Kräuter darüber streuen.

▪ Eine Seite des Omeletts zur Mitte falten und die andere Seite darüberschlagen. Aus der Pfanne auf den Teller gleiten lassen. Mit Salz und Pfeffer bestreut servieren.

TIP VOM KOCH

Man sagt, eine Omelettpfanne sollte nie abgewaschen, sondern nur ausgewischt werden. Dies gilt nicht für beschichtete Pfannen. Wie kann man eine unbeschichtete Omelettpfanne sauber halten? Pfanne mit Salz bestreuen und 10 Minuten stark erhitzen. Das Salz löst alle Unreinheiten und trocknet die Oberfläche aus. Pfanne trocken wischen, darauf achten, daß kein Salz zurückbleibt, dann Öl in die Pfanne gießen. Erhitzen, bis das Öl anfängt zu rauchen. Ausgießen und abwischen.

Gebackene Eier in Rotwein
OEUFS EN COCOTTE AU VIN ROUGE

FÜR 1 PERSON

Kochzeit: 5 Min.
Temperatur: 200 °C

ZUTATEN

25 g Butter

60 ml Rotwein

2 Eier

Salz und Pfeffer

ZUBEREITUNG

- Backofen vorheizen. Butter bei schwacher Hitze zerlassen und Rotwein hineinrühren.
- Die Mischung in ein Förmchen gießen und die Eier hineingeben.
- Das Förmchen 2 Minuten in ein heißes Wasserbad stellen.
- Im Backofen die Eier garen lassen, bis sie glasiert sind.
- Würzen und servieren.

Gebackener Rahmkäse mit Eiern und Schinken

PAIN MOULÉ À LA FERMIÈRE

FÜR 2 PERSONEN

Kochzeit: 15 Min.
Temperatur: 190 °C

ZUTATEN

225 g Rahmkäse

50 g Butter

2 Scheiben gekochter Schinken

4 Eier

Salz und Cayennepfeffer

ZUBEREITUNG

▪ Backofen vorheizen. Rahmkäse in einem trockenen Tuch ausdrücken.
▪ Rahmkäse schlagen, bis er cremig ist. Butter weich werden lassen und unter den Käse rühren.
▪ Schinken in kleine Würfel schneiden. Eier leicht schlagen.
▪ Eier und Schinken unter die Käsemischung heben und mit Salz und Cayennepfeffer würzen.
▪ Unbedeckt im Wasserbad im Backofen 15 Minuten pochieren, bis die Eier gestockt sind (siehe die Pochieranweisung im Rezept Lachsmousse in Gelee).

Gebratene Eier mit Kräutersauce

OEUFS AU PLAT CHARTRES

FÜR 1 PERSON

Kochzeit: 4-5 Min.
Temperatur: 200 °C

ZUTATEN

60 ml Bratensauce oder starke Brühe (*siehe* Fleisch- und Fischbrühe)

1 Prise Estragon, getrocknet

2 Eier

Salz und Pfeffer

ZUBEREITUNG

▪ *Backofen vorheizen. Sauce oder Brühe in eine kleine Form gießen und Estragon dazugeben.*
▪ *Eier aufschlagen und vorsichtig in die Sauce gleiten lassen. Darauf achten, daß das Eigelb nicht beschädigt wird.*
▪ *Mit Salz und Pfeffer würzen und im Backofen stocken lassen.*

Gebratene Eier mit Paprikaschoten und Schinken
PIPÉRADE

FÜR 2 PERSONEN

Kochzeit: 20 Min.

ZUTATEN

50 g Butter

1 kleine Zwiebel

je 1 grüne und rote Paprikaschote

2 Scheiben Schinken, gekocht

1 Prise Cayennepfeffer

Salz

3 Eier

ZUBEREITUNG

▪ Butter in einer Bratpfanne bei mittlerer Hitze aufschäumen.
▪ Zwiebel und Paprikaschoten in feine Scheiben schneiden.
▪ Zwiebel in der Butter dünsten, aber nicht anbräunen, dann Paprika zugeben und ca. 10 Minuten dünsten.
▪ In der Zwischenzeit Schinken würfeln.
▪ Das gekochte Gemüse abschmecken, in eine Schüssel füllen und warm stellen.
▪ Schinken nach dem Anbraten mit einem Schaumlöffel herausheben und in die Schüssel geben.
▪ Pfanne wieder auf den Herd stellen und die geschlagenen Eier wie bei einem Omelett in den Gemüsesaft rühren.
▪ Sobald sich eine Kruste bildet, Gemüse und Schinken dazugeben und vorsichtig unter die Eier heben.
▪ Auf 2 Teller verteilen, mit gebratenem Schinken garnieren und sofort servieren.

FRANZÖSISCHE BISTRO-KÜCHE

Französisches Rührei
OEUFS BROUILLÉS

FÜR 2 PERSONEN
Kochzeit: 5-6 Min.
ZUTATEN
50 g Butter
4 Eier
60 ml Sahne
Salz und Pfeffer

ZUBEREITUNG

- *Butter im Wasserbad zerlassen.*
- *Eier und Sahne in die Schüssel geben und würzen* (siehe *Tip vom Koch*).
- *Ständig rühren, bis die Eiermischung stockt.*
- *Das Rührei muß weich und cremig bleiben.*

TIP VOM KOCH

Dies ist die klassische Art der Rührei-Zubereitung. Natürlich kann es noch verfeinert werden:

- Aux champignons – mit Champignons.

- Chasseur – mit sautierter Hühnerleber und Champignons.

- À la clamart – mit frischen Erbsen, Kopfsalat, Zwiebeln und Petersilie (*siehe* Rezept auf S. 81).

- Aux fonds d'artichauts – mit Artischockenherzen.

- À la Normande – mit Austern oder Miesmuscheln.

Butternudeln mit Käse
NOUILLES À L'ALSACIENNE

FÜR 6 PERSONEN

Kochzeit: 8–10 Min.

ZUTATEN

500 g frische Nudeln, (*siehe* Tip vom Koch)

50 g Butter

75 g Käse, gerieben

Salz

ZUBEREITUNG

▪ Nudeln ca. 5 Minuten in Salzwasser garen. Abgießen und warm stellen. 3–4 Nudeln knusprig braten und wieder warm stellen.

▪ Alle anderen Nudeln in Butter kurz anbraten und Käse hineinrühren. Die Nudeln müssen heiß und der Käse geschmolzen sein.

▪ Mit den knusprig gebratenen Nudeln garnieren und servieren.

TIP VOM KOCH

Wo kaufen Sie normalerweise Ihre Teigwaren? Es ist heutzutage leicht, sie im Delikatessengeschäft oder Supermarkt zu bekommen. Etwas schwieriger, aber vielleicht besser ist Selbermachen.
Man nehme: 450 g Mehl, 2 Eier, 1 Prise Salz.
Aus den Zutaten einen festen Teig herstellen und 2 Stunden in einem feuchten Tuch ruhen lassen. Dann auf einer mit Mehl bestäubten Arbeitsfläche so dünn wie möglich ausrollen und in Streifen schneiden. Nach einigem Ausprobieren ist dies fast so einfach wie im Supermarkt kaufen.

FRANZÖSISCHE BISTRO-KÜCHE

Couscous als Schnellgericht
COUSCOUS RAPIDE

Kochzeit: 10 Min.

ZUTATEN

100 g Butter

225 g Couscous, gemahlen

Salz

ZUBEREITUNG

▪ Butter bei schwacher Hitze in einer Pfanne zerlassen.
▪ Couscous und die dreifache Menge Wasser hineinrühren. Mit Salz würzen.
▪ Bei sehr schwacher Hitze Couscous 10 Minuten auf der Herdplatte ziehen lassen. Mit einem Löffel drückt man eine Mulde in den Brei. Wenn ein Abdruck zurückbleibt, ist das Couscous fertig.

HINWEIS

In Marokko wird Couscous mit der Couscousière hergestellt. Dieses Gerät wird über den Behälter mit der Brühe (Bouillon) geklemmt, in welchem die Grütze (siehe Lamm-Couscous) gekocht wird. Auf diese Weise wird das Getreide gedünstet und nimmt gleichzeitig das feine Aroma – hauptsächlich Pfefferminz, Chili und Tomaten – von der Sauce auf. Während der Mahlzeit wird dann auch diese Sauce über das Couscous gegossen. Wir bieten Ihnen statt dessen *Le Moyen Rapide*, ein französisches Schnellgericht, an.

Reis mit Erbsen und gekochtem Schinken
RIZ À LA GRECQUE

FÜR 6 PERSONEN

Kochzeit: 30 Min.
Temperatur: 180 °C

ZUTATEN

50 g Butter

1 kleine Zwiebel

1 kg Reis

1 1/4 l Bouillon
(*siehe* Gemüsesud zum Pochieren)

2 Knoblauchzehen

2 Lorbeerblätter

Salz

100 g gekochter Schinken

100 g Erbsen ohne Schale

ZUBEREITUNG

▪ Backofen vorheizen. Butter in einer feuerfesten Form auf der Herdplatte bei mittlerer Hitze zerlassen.

▪ Gewürfelte Zwiebel darin leicht anbräunen.

▪ Reis zugeben und weitere 3-4 Minuten bräunen. Gemüsebrühe, Knoblauch und Lorbeerblatt hinzufügen und mit Salz abschmecken.

▪ Zugedeckt 20 Minuten im Backofen garen, bis der Reis weich ist.

▪ In der Zwischenzeit den Schinken würfeln, zusammen mit den Erbsen unter den Reis rühren und sofort servieren.

Nachspeisen

Aprikosenkuchen 103

Blätterteig-Mandel-Kuchen 104

Apfelküchlein 105

Mandelmakronen 106

Karamelcreme 107

Vanillecreme mit Karamelhaube 108

Apfelkuchen mit Vanillecreme 109

Mousse au chocolat 110

Eis 111

Zitronensorbet 112

Aprikosenkuchen
TARTE AUX ABRICOTS

FÜR 8 PERSONEN

Backzeit: 25–30 Min.
Temperatur: 175 °C

ZUTATEN

450 g Blätterteig
oder süßer Knetteig
(*siehe* Teigherstellung)

1 kg Aprikosen, halbiert
(frisch oder aus der Dose)

160 g Puderzucker

150 g Aprikosen-
marmelade

ZUBEREITUNG

▪ Springform mit Teig auslegen. Mit einer Gabel den Teig einstechen und mit ein wenig Puderzucker bestreuen.
▪ Frische Aprikosen entsteinen, halbieren und den Teigboden damit auslegen, so daß sich die Stücke leicht überschneiden. Früchte mit dem restlichen Puderzucker bestäuben. Backen.
▪ In der Zwischenzeit Marmelade bei schwacher Hitze schmelzen. Den gebackenen Kuchen mit der geschmolzenen Marmelade glasieren.
▪ Der Kuchen schmeckt warm am besten.

Blätterteig-Mandel-Kuchen
GÂTEAU DE PITHIVIERS

FÜR 6 PERSONEN

Backzeit: 25-30 Min.
Temperatur: 200 °C

ZUTATEN

675 g Blätterteig

125 g Mandeln, gemahlen

65 g Zucker

50 g Butter

2 Eier

2 Eigelb

30 ml Rum oder Weinbrand

150 ml Sahne

ZUBEREITUNG

▪ Zwei runde Teigplatten von je 20 cm Durchmesser aus dem ausgerollten Blätterteig schneiden. Die eine sollte 5, die andere 3 mm dick sein.
▪ Gemahlene Mandeln mit Zucker vermengen.
▪ Butter zerlassen und zusammen mit 1 Ei, 2 Eigelb und Rum oder Weinbrand in die Mandelmischung hineinrühren. Sahne zugeben.
▪ Ein Backblech mit der dünneren Teigplatte belegen.
▪ Teigboden großzügig mit der Mandelfüllung bestreichen, dabei einen Rand stehenlassen.
▪ Das restliche Ei schlagen und mit einem Teil davon den Teigrand bestreichen.
▪ Dann die dickere Teigplatte darauflegen und den Rand fest zusammendrücken.
▪ Mit dem restlichen geschlagenen Ei die obere Teigplatte bestreichen. Backen, bis der Teig oben goldbraun wird.

Apfelküchlein
BEIGNETS AUX POMMES

FÜR 8 PERSONEN
Vorbereitung: 1 Std. ohne Teigzubereitung
Backzeit: 3-4 Min.

ZUTATEN

300 ml Schlagteig/Eierteig (*siehe* Tip vom Koch)

675 g Kochäpfel

75 g Zucker

30 ml Rum oder Kirschwasser

300 ml Öl

ZUBEREITUNG

■ Äpfel schälen, entkernen und in nicht zu dünne Scheiben schneiden.
■ Apfelstücke mit Zucker bestreuen und mit Rum oder Kirschwasser besprenkeln. 1 Stunde ruhen lassen.
■ Vor dem Fritieren Apfelstücke mit einem Küchentuch abtupfen.
■ Apfelstücke in den Teig tauchen und 3-4 Minuten in Öl bei 180 °C goldbraun backen. Heiß servieren.

TIP VOM KOCH

Das klassische Rezept für den Schlagteig/Eierteig:
225 g Mehl,
1 knapper EL frische Hefe – die Hälfte bei trockener Hefe – 1 Prise Salz, 60 ml Olivenöl, 300 ml lauwarmes Wasser, 2 Eiweiß. Mehl in eine vorgewärmte Schüssel geben, in der Mitte eine Mulde lassen. Mit den Händen Hefe, Öl, Salz und Wasser mischen. Mischung in die Mulde gießen und so schnell wie möglich zu einem Teig verarbeiten. Im warmen Raum 3-4 Stunden ruhen lassen. Kurz vor dem Fritieren Eiweiß steif schlagen und unter den Teig ziehen.

Mandelmakronen
PETITS FOURS BERRICHONS

Für 1 Party, wenn Sie Glück haben

Backzeit: 8 Min.
Temperatur: 200 °C

ZUTATEN

4 Eiweiß

100 g Mandeln, gemahlen

100 g Vanillezucker

4 EL Mehl

ZUBEREITUNG

▪ Eiweiß sehr steif schlagen.
▪ Gemahlene Mandeln mit Vanillezucker und Mehl verrühren und vorsichtig unter das Eiweiß ziehen.
▪ Teig in einen Spritzbeutel füllen und kleine Häufchen auf das Backblech spritzen. Backen.

TIP VOM KOCH

Dies ist ein Grundrezept für Makronen, das man noch wunderbar verändern kann.

Zum Beispiel: pürierter Apfel mit Zimt und gerösteten Mandeln. Geschmolzene Schokolade. Mokkabuttercreme. Ein paar Tropfen Weinbrand mit einer frischen Beere... Lassen Sie Ihrer Phantasie ruhig freien Lauf!

NACHSPEISEN

Karamelcreme
CRÈME AU CARAMEL

FÜR 6 PERSONEN

Zubereitungszeit: 35 Min.
Temperatur: 170 °C

ZUTATEN

450 ml Milch
1 Vanilleschote
225 g Zucker
2 Eier
4 Eigelb

ZUBEREITUNG

■ Milch aufkochen, von der Herdplatte nehmen und die Vanilleschote in der Milch ziehen lassen.

■ In der Zwischenzeit die Hälfte des Zuckers in 300 ml Wasser auflösen. Zuckerwasser kochen, bis es anfängt zu bräunen (karamelisieren). Von der Herdplatte nehmen. Die braune Farbe des Karamels verstärkt sich noch nach dem Kochen.

■ Restlichen Zucker mit Eiern und Eigelb verrühren und gut schlagen. Die heiße Milch nach und nach hineingießen.

■ Karamel gleichmäßig auf 6 Schüsselchen verteilen. Milchmischung über den Karamel gießen.

■ Schüsselchen ins Wasserbad stellen und im Backofen pochieren (siehe die Pochieranweisung im Rezept Lachsmousse in Gelee).

■ Vor dem Servieren kühlen. Die Karamelcreme kann in den Schüsselchen oder auf einen Teller gestürzt serviert werden.

Vanillecreme mit Karamelhaube
CRÈME BRULÉE

FÜR 6 PERSONEN

Backzeit: 35-40 Min.
Temperatur: 170 °C

ZUTATEN

300 ml Milch

1 Vanilleschote

150 ml Sahne

100 g Zucker

2 Eier

4 Eigelb

100 g brauner Zucker

ZUBEREITUNG

▪ Backofen vorheizen. Milch aufkochen und von der Herdplatte nehmen.

▪ Vanilleschote und die Sahne hineinrühren und 10 Minuten ziehen lassen.

▪ Zucker mit Eigelb und Eiern gut schlagen.

▪ Unter ständigem Rühren heiße Milch nach und nach in die Zuckermischung gießen.

▪ Mischung auf 6 Schüsselchen verteilen, ins Wasserbad stellen und im Backofen pochieren (siehe die Pochieranweisung im Rezept Lachsmousse in Gelee). Das Wasser darf nicht kochen.

▪ Schüsselchen nach 30-35 Minuten aus dem Backofen nehmen und kühlen.

▪ Kurz vor dem Servieren das Dessert gleichmäßig mit braunem Zucker bestreuen und im Ofen bei sehr starker Hitze bräunen, bis der Zucker zu schmelzen beginnt und sich kleine Bläschen bilden. Sofort servieren.

Apfelkuchen mit Vanillecreme
FLAN AU LAIT À L'ALSACIENNE

FÜR 8 PERSONEN
Backzeit: 35-40 Min.
Temperatur: 180 °C
ZUTATEN
25 g Butter
275 g Äpfel
450 g süßer Knetteig (*siehe* Teigherstellung)
300 ml Milch
4 Eier
100 g Zucker
1 Vanilleschote

ZUBEREITUNG

▪ Backofen vorheizen. Butter bei schwacher Hitze zerlassen.
▪ Die Äpfel entkernen, in Scheiben schneiden und ca. 5 Minuten in Butter weichdünsten.
▪ Springform mit Teig auslegen und die Apfelscheiben lagenweise auf dem Kuchenboden gleichmäßig verteilen.
▪ Milch zum Kochen bringen.
▪ Eier schlagen, Zucker unterrühren und die Milch langsam zugießen. Vanilleschote hineingeben.
▪ Mischung über die Äpfel, aber nicht höher als bis zum Teigrand, gießen. Backen, bis die Vanillecreme stockt.

Mousse au chocolat
MOUSSE AU CHOCOLAT

FÜR 6 PERSONEN
Kochzeit: 30 Min.
ZUTATEN
225 g Schokolade
45 ml Milch
50 g Puderzucker
4 Eier

ZUBEREITUNG

■ Schokolade in Stücke brechen. In einem Topf mit heißer Milch unter Rühren bei schwacher Hitze schmelzen. Puderzucker hineinrühren.

■ Eigelb vom Eiweiß trennen. Eigelb in die Schokoladenmischung rühren. Eiweiß sehr steif schlagen.

■ Behutsam das Eiweiß unter die Schokoladenmischung heben und diese in eine Form geben oder auf 6 Schüsselchen verteilen und abkühlen lassen.

■ Die Mousse mindestens 20 Minuten ruhen lassen. Wenn sie sich gesetzt hat, kann sie serviert werden.

TIP VOM KOCH

Dieses Grundrezept kann mit Extras wie konzentriertem Orangensaft, geriebener Orangenschale, Cointreau, Kognak oder Wodka verfeinert werden. Diese werden in die Mousse gerührt, kurz bevor das steife Eiweiß untergezogen wird.

Eis
LA GLACE

FÜR 6 PERSONEN

Zubereitungszeit: 20 Min.
Kühlzeit: 2 Std.

ZUTATEN

6 Eigelb

150 g Zucker

900 ml Milch

ZUBEREITUNG

■ Eigelb mit Zucker schlagen, bis die Mischung hell ist.
■ Milch zum Kochen bringen, von der Herdplatte nehmen und nach und nach in die Eigelbmischung hineinrühren.
■ Bei schwacher Hitze wieder auf den Herd stellen und ständig rühren. Erhitzen, bis die Masse an einem Löffel haften bleibt, sie darf aber nicht kochen.
■ Nun natürlich abkühlen lassen und hin und wieder rühren. Bis zum Servieren im Gefrierschrank aufbewahren.

TIP VOM KOCH

Dies ist das Grundrezept für Eis. Es gibt endlose Variationen zum Verfeinern. Z.B. wenn das Eis abgekühlt ist, Schlagsahne unterheben oder Eigelb und Zucker (Verhältnis: 1 Eigelb – 2 EL Zucker) in die vorgekochte Mischung rühren. Früchte, Mokka, Nüsse oder Vanille können ebenfalls in die gekühlte Mischung gerührt werden. Schokolade oder Karamel werden jedoch in die heiße Milch gerührt. Solange die Eismischung noch warm ist, schmeckt sie süßer als nach dem Erkalten.

Zitronensorbet
SORBET AU CITRON

FÜR 6 PERSONEN

Zubereitungszeit: 50 Min.
Kühlzeit: 3-4 Std.

ZUTATEN

600 ml Wasser

225 g weißer Zucker

6 Zitronen, unbehandelt

1 Vanilleschote

1 Eiweiß

ZUBEREITUNG

▪ Wasser aufkochen, Zucker hineinrühren und schmelzen lassen.
▪ Feingeriebene Schale von 2 unbehandelten Zitronen zusammen mit der Vanilleschote in den Sirup rühren. Von der Herdplatte nehmen und 45 Minuten ruhen lassen.
▪ Die Zitronen auspressen.
▪ Sirup durchseihen und Zitronensaft hineingießen.
▪ Eiweiß steif schlagen und unterziehen.
▪ Bis zum Servieren im Gefrierschrank aufbewahren.

TIP VOM KOCH

Wie jedes Eis kann auch Sorbet abgewandelt werden. Statt Zitronensaft kann z.B. gesüßtes, püriertes Fruchtfleisch hineingerührt werden.

NACHSPEISEN

Grundrezepte und Techniken

Helle Grundsaucen 115

Gemüsesud zum Pochieren 116

Aspik und Gelee 116

Teigherstellung 117

Fleisch- und Fischbrühe 118

Sauce hollandaise und Mayonnaise 119

Vinaigrette 120

Andicken 120

Entbeinen und Tranchieren 121

Entbeinen von Geflügel 122

Schlußbemerkung 125

GRUNDREZEPTE UND TECHNIKEN

Helle Grundsaucen

ZUTATEN

90 g Butter
65 g Mehl
1¼ l Milch (für Béchamel)
1¼ l Brühe (für Velouté)
Salz und Pfeffer

Die beiden Varianten der hellen Grundsauce, die Béchamel und die Velouté, basieren auf einer Mehlschwitze, einer Mischung aus Mehl und Fett (meistens Butter), die einige Minuten anschwitzen muß, bevor die Flüssigkeit hinzugegeben wird. Für Béchamelsauce wird Milch benutzt, für Velouté Brühe.

ZUBEREITUNG

■ Butter bei schwacher Hitze zerlassen und mit dem Mehl sorgfältig verrühren. Bei schwacher Hitze 2-3 Minuten schwitzen lassen (siehe *Tip vom Koch*).
■ Warme Milch oder Brühe in die Mehlschwitze gießen, aber nie mehr als ein Drittel auf einmal. Bei jedem Zugießen zügig verrühren.
■ Zum Schluß unter ständigem Rühren aufkochen. Abschmecken.

TIP VOM KOCH

Sie wissen vielleicht, daß eine Mehlschwitze oder Einbrenne weiß, hellbraun oder braun sein kann. Durch längeres Anschwitzen wird das Mehl braun (nur eine Frage von Minuten). Die Farbvariante richtet sich nach dem Gericht: für Hühner- oder Fischgerichte nimmt man eine weiße Sauce, für Kalbsgerichte eine hellbraune und für Rind- und Wildgerichte eine braune Sauce. Béchamelsauce ist immer weiß.
Wenn sich bei der Herstellung der Béchamelsauce Klümpchen bilden, ist dies kein Problem, meistens verkochen sie. Sollte dies nicht der Fall sein, wird die Sauce einfach durchgesiebt.

VARIATIONEN

Béchamelsauce und Velouté sind die eigentlichen Grundlagen für zahlreiche Saucen, die vielseitig verändert werden können:

Béchamel
(für je 600 ml Sauce)
MORNAY
4 EL geriebener Parmesan
60 ml Rahm oder Sahne
NANTUA
4 EL Langustenbutter
4 Langustenschwänze
SOUBISE
225 g in Scheiben geschnittene und in Butter gedünstete Zwiebeln,
150 ml Rahm oder Sahne
FÜR ÜBERBACKENE NUDELN ITALIENISCHE ART
4 EL geriebener Parmesan
1 große Prise feingeriebener Muskat

Velouté
(für je 600 ml Sauce)
SARDELLENSAUCE
4 zerkleinerte Sardellenfilets
TOMATENSAUCE
150 ml Tomatenpüree
4 EL Butter
BERCY
50 g gehackte Schalotten
150 ml trockener Weißwein
1 TL gehackte Petersilie
RAVIGOTE
150 ml trockener Weißwein
60 ml Weißweinessig
je 2 EL gehackter Estragon, Schnittlauch und Kerbel

Wir könnten diese Liste noch fortführen. Wenn Sie zuviel Flüssigkeit zugegeben haben, kann die Menge durch Einkochen wieder reduziert werden. Wenn nicht genug Flüssigkeit vorhanden ist, kann welche hinzugegeben und bei schwacher Hitze bis zur vorgeschriebenen Menge aufgekocht werden. Doch seien Sie vorsichtig, dicke Mehlsaucen brennen schnell an.
Auch kann durch Zugaben von Kammuschelflüssigkeit, Wermut, Senf und Cayennepfeffer (*siehe* Rezept Überbackene Kammuscheln) der Geschmack der Sauce verändert werden.

Gemüsesud zum Pochieren

ZUTATEN

2¼ l Wasser

225 g Karotten, in Scheiben geschnitten

225 g Zwiebeln, in Ringe geschnitten

1 Zweig Thymian

2 Lorbeerblätter

2 EL frische Petersilie, gehackt

150 ml Weißweinessig oder Zitronensaft

12 Pfefferkörner

Gemüsesud ist keine Brühe, obwohl sie eine werden könnte, wenn sie oft genug filtriert und wieder aufgekocht würde, was ohne weiteres möglich ist. Gemüsesud ist ganz einfach eine Flüssigkeit zum Pochieren von Fisch.
Hier ein typisches Rezept:

ZUBEREITUNG

■ *Alle Zutaten bis auf die Pfefferkörner 30 Minuten kochen und dann die Pfefferkörner hineingeben.*
■ *Weitere 10 Minuten kochen lassen. Durchsieben und mit dem entsprechenden Rezept fortfahren.*

HINWEIS

Variationen sind auch hier erlaubt. Wird Stein- oder Glattbutt gekocht, kann auch Milch oder trockener Wein im Sud verwendet werden. Hummer oder Krabben sollten nur in Salzwasser gekocht werden.

Zu beachten ist: Wird ein großer Fisch pochiert, sollte man ihn in kalten Gemüsesud legen, zum Kochen bringen und abkühlen lassen.

Sud kann nach dem Kochen durchgeseiht und eingefroren werden, um ihn später für ein anderes Gericht zu verwenden.

Aspik und Gelee

ZUTATEN

10 Blatt Gelatine

100 ml heißes Wasser

600 ml klare Bouillon
(für Aspik)
oder
600 ml Velouté oder Béchamelsauce
(für Gelee)

Gewürze
(*siehe* Tip vom Koch)

Wenn Sie Ihre Bouillon (siehe Fleisch- und Fischbrühe) herstellen, werden Sie sehen, daß diese ohne große Hilfe geliert. Selbst leicht verkochte Brühen können manchmal gelieren, es kommt lediglich darauf an, wieviel Gelatine in den Knochen vorhanden ist.
Und hiermit kommen wir zur Gelatine. Sie wissen, daß echter Aspik und Gelee nur aus Bouillon hergestellt werden sollten. Aber auch professionelle Köche haben manchmal eine sehr liberale Einstellung zur Gelatine. So gehen Sie richtig mit ihr um:

TIP VOM KOCH

Aspik kann auch besonders gewürzt oder gefärbt werden. Estragon ist ein gebräuchliches Gewürz für Aspik. Kurkuma (gelb) oder pürierter Spinat, trocken ausgedrückt (grün), eignen sich gut für Gelee.

ZUBEREITUNG

■ *Gelatineblätter in heißem Wasser auflösen.*
■ *Bouillon (Fleisch- oder Fischbrühe), Velouté oder Béchamelsauce erhitzen, aber nicht kochen. Aufgelöste Gelatine hineinrühren.*
■ *Die Mischung muß abkühlen, bis sie lauwarm ist, und kann dann für Lachsmousse in Gelee oder Hühnerleber in Aspik verwendet werden (siehe die Rezepte auf S. 21 und 24).*

Teigherstellung

ZUTATEN
225 g Mehl
1 Prise Salz
100 g Butter
200 ml Wasser

Die professionelle Küche ist kein ruhiger, beschaulicher Salon, wo Kochkünstler im Flüsterton über ihre Arbeit diskutieren. Lehrling wie Chefkoch fluchen, schreien und streiten. Oft wird vereinfacht, und heiße wie gefrorene Zutaten werden oft mit den Händen verarbeitet, dem besten Handwerkszeug eines jeden Kochs.
Diese professionelle Hektik hat auch bei der Teigherstellung Konsequenzen. Blätterteig wird meistens gefroren gekauft. Dieses Produkt ist in der Regel gut und wir empfehlen Ihnen, auch gekauften Blätterteig zu verwenden.
Knetteig hingegen ist einfach, preiswert und schnell hergestellt.

ZUBEREITUNG

▪ Salz und Mehl zusammen sieben. Butter hineinarbeiten, bis der Teig feine Krümel bildet.
▪ Wasser langsam hineingießen, bis der Teig die Festigkeit zum Ausrollen erreicht hat (wenn möglich, nicht die Hände, sondern nur die Fingerspitzen zum Kneten benutzen, da diese kühler sind).
▪ 2 Stunden Ruhezeit sind empfehlenswert, doch soll der Teig dabei eingewickelt sein, um seine Feuchtigkeit zu behalten.

SÜSSER TEIG:
▪ 15 g Zucker mit der Butter zugeben.

Fleisch- und Fischbrühe

ZUTATEN

600 ml Wasser

450 g Knochen oder Fischgräten

1 Zwiebel, in Ringe geschnitten

1 Karotte, in Scheiben geschnitten

1 kleine Fenchelknolle, in Scheiben geschnitten (nach Wunsch)

1 Staudensellerie

Jede Art von Fleisch- oder Fischresten, außer Fett oder Talg

keine Gewürze

Hausgemachte Bouillon (Fleisch- oder Fischbrühe) wird immer seltener. Warum eigentlich? Als ich noch arbeitete und gelegentlich für Freunde Abendessen machte, kam ich um 18:30 Uhr nach Hause, vollbepackt mit frischen Lebensmitteln. Zuerst holte ich die zwei größten Pfannen aus dem Schrank. Zwiebeln, Karotten, Lorbeerblatt und Fischgräten kamen in die eine Pfanne; Knochen in die andere. Fischbrühe kocht 40 Minuten. Vorsichtig durchsieben und durch weiteres Kochen Flüssigkeit reduzieren. Das Fleisch bleibt dagegen immer bis zum Schluß in der Brühe.

2-3 Stunden reichen aus, um Fleisch- oder Fischbrühe herzustellen und anschließend, wenn gewünscht, die hausgemachte Version eines Brühwürfels, eine Glace. Glace ist nichts weiter als eine stark eingekochte Bouillon.

ZUBEREITUNG

- *Zutaten in der entsprechenden Wassermenge zum Kochen bringen.*
- *Bei schwacher Hitze weiterkochen lassen.*
- *Bei einer Fischbouillon nach 40 Minuten Kochzeit vorsichtig durchsieben.*
- *Fleischbouillon sollte bis zu 8 Stunden kochen, dann erst durchsieben.*

TIP VOM KOCH

Bitte beachten, daß die Bouillon nicht gewürzt wird. Dann können Sie dem Gericht entsprechend die Bouillon abschmecken. Wenn Sie aus einer Bouillon eine Glace herstellen möchten, wird die Flüssigkeit mindestens um 75% eingekocht. Gewürzt wird erst ganz zum Schluß.

Es ist nicht schwierig, Bouillon oder Glace zu kochen, doch sollte folgendes beachtet werden:

- Fett oder Schaum ab und zu während des Kochens abschöpfen.

- Nicht ohne vorheriges Abschöpfen aufkochen, sonst gehen Sie das Risiko ein, daß die Bouillon das Fett emulgiert und eine trübe Flüssigkeit entsteht.

- Schweine- oder Lammknochen sollten nur für eine dicke, schwere Suppe verwendet werden. Haben Sie jedoch nichts anderes zur Hand, muß darauf geachtet werden, daß die Bouillon öfter abgeschöpft wird.

- Der ständig kochende Bouillontopf eines Restaurants ist, nebenbei bemerkt, eine Fiktion. Der Suppentof hat nicht die letzten 20 Jahre auf dem selben Fleck gestanden. Vielmehr fangen die schlechtbezahlten Küchenhilfen frühmorgens mit der Herstellung der Bouillon an.

- Wenn genug Zeit vorhanden ist, läßt man die Bouillon abkühlen und hebt das Fett dann ab.

Sauce hollandaise

FÜR 4-5 PERSONEN

Zubereitungszeit: 5-10 Min.

ZUTATEN

4 Eigelb

1 EL kaltes Wasser

½ TL Zitronensaft

225 g Butter

Wenn Sie die Herstellung dieser zwei Saucen nicht beherrschen, dann halten Sie jetzt inne! Kochen Sie kein weiteres Ei mehr, sondern üben Sie mit diesem Buch. Kaufen Sie sich ein Stück Fisch und essen Sie ihn mit Sauce hollandaise – die Mayonnaise bleibt noch frisch bis Sonntag.

ZUBEREITUNG

- Eigelb, Wasser und Zitronensaft in den schwersten Topf geben, der in der Küche vorhanden ist, und diesen mit den Zutaten in ein Wasserbad stellen. Zutaten gut verrühren und mit einem Schneebesen aufschlagen, bis sie andicken.
- In der Zwischenzeit Butter bei schwacher Hitze zerlassen. Sie darf nur lauwarm sein.
- Während des Rührens die geschmolzene Butter zur Eiermischung geben. Immer nur je ein Drittel zugeben und zwischendurch rühren, bis die Sauce wieder andickt.
- Bei schwacher Hitze mit dem Schneebesen cremig rühren. Hollandaise wird immer lauwarm serviert.

HINWEIS

Hollandaise will vorsichtig zubereitet sein: schwache Hitze, langsames Zugießen der Butter und nie mehr als 70 g Butter pro Eigelb.

Wenn die Sauce sich trennt, kann sie noch gerettet werden, indem man 2 Löffel heißes Wasser zugibt. Doch aufpassen, daß das richtige Verhältnis Butter/Eier genau eingehalten wird.

Sollten die Eier gerinnen, können ein paar Eiswürfel die Sauce wieder andicken.

Mayonnaise

FÜR 4-5 PERSONEN

ZUTATEN

3-4 Eigelb

1 TL Essig

½ TL mittelscharfer Senf (nach Wunsch)

600 ml Olivenöl oder anderes Öl von guter Qualität

ZUBEREITUNG

- Eigelb mit der Hälfte des Essigs und dem Senf verquirlen (evtl. mit dem Handmixer).
- Unter ständigem Rühren Öl zunächst tropfenweise dazugeben. Wenn die Masse etwas steifer wird, das restliche Öl in dünnem Strahl unterrühren.
- Weiter schlagen, bis die Masse cremig wird, dann restlichen Essig und Würze zugeben.

TIP VOM KOCH

Da sie sich bei Wärme besser verbinden, müssen Eigelb und Öl mindestens Zimmertemperatur haben. Nie gekühlte Zutaten verwenden.

Wenn sich die Flüssigkeit teilt, langsam noch ein Eigelb hineinrühren.

VARIATIONEN

Beide Saucen werden als Grundsaucen benutzt. Natürlich können sie variiert werden.

Mit Hollandaise

BÉARNAISE
Man kann mogeln und Estragon erst am Schluß zugeben, oder man läßt 150 ml Essig und 1 EL gehackten Estragon fast verkochen, bevor die Eigelbe hineingerührt werden. Bei diesem Rezept den Zitronensaft weglassen.

CHORON
Die fertige Hollandaise mit ein bißchen Tomatenpüree rosa färben.

MOUSSELINE
Die halbe Menge Sahne in die Hollandaise rühren.

Mit Mayonnaise

AIOLI
Je nach Geschmack so viel frischen zerdrückten Knoblauch hineingeben wie gewünscht.

ROUILLE
Für Provenzalische Fischsuppe und Bouillabaisse Mayonnaise mit Paprika rostrot färben, mit viel Knoblauch und Cayennepfeffer würzen. Es sollte ziemlich kräftig schmecken.

GRÜNE SAUCE
Spinat und/oder Brunnenkresse, püriert und ausgedrückt (fast trocken) in die Mayonnaise rühren.

Vinaigrette

Eine Vinaigrette sollte trotz des Namens nicht nur nach Essig schmecken. Höchstens $1/3$ Essig und $2/3$ Öl verwenden.
Was kann man sonst noch in einer Vinaigrette verwenden?
- Senf
- Frische oder getrocknete Kräuter und natürlich Knoblauch
- Salz und Pfeffer

Doch sind und bleiben die wichtigsten Zutaten das beste Öl und der beste Essig, den Ihr Portemonnaie verkraftet.

Andicken

Wie kann man ein herrliches Gericht retten, wenn die Sauce so dünn wie Wasser ist? Das kommt auf die Art der Sauce an. Bratensauce soll eigentlich gar nicht dick sein. Das Idealrezept wäre, den Bratfond mit Wein zu verrühren, vielleicht auch noch ein bißchen Sud oder Bouillon hinzuzufügen und alles zusammen etwas einzukochen.

FLÜSSIGKEIT REDUZIEREN
Die beste Methode, eine angedickte Sauce für jedes Gericht herzustellen, ist, Flüssigkeit zu reduzieren oder zu verkochen. Zu bedenken ist, daß dabei der Geschmack intensiver wird. Also nur sehr vorsichtig zusätzlich würzen. Wenn Sie diese Methode bei einem Eintopf- oder Auflaufgericht versuchen möchten, sollte, nachdem das Gericht gar ist, die Flüssigkeit abgegossen und durch ein Sieb passiert werden. Anschließend einkochen.

BEURRE MANIÉ (MEHLBUTTER)
75 g Mehl und 80 g Butter gut durchkneten. Den Teig in kleine Stückchen brechen und in heiße Flüssigkeit rühren. Dies ergibt eine angedickte Flüssigkeitsmenge von ca. 1 bis knapp $1 1/2$ l. Wenn die Sauce, je nach Geschmack, dick genug ist, sollte sie noch 5 Minuten auf der heißen Herdplatte bleiben, damit eventuelle Klümpchen verkochen. Nicht vergessen, gelegentlich umzurühren.

ZUGABE VON SAHNE
Zugabe von Sahne beschleunigt den Reduktionsvorgang.

EIER UND BUTTER
Zum Andicken einer Sauce kann man auch Eigelb in die Flüssigkeit rühren, bevor sie kocht. 3 Eigelb auf je $1/2$ l Flüssigkeit reichen aus, doch sollte beachtet werden, daß Eigelb grundsätzlich nur für cremige Saucen wie Béchamelsauce oder Velouté verwendet wird.
Zum Verfeinern und zum leichten Andicken einer Sauce kann auch kalte Butter hineingerührt werden, aber nur, solange die Sauce nicht kocht.
Wenn Eier und Butter zum Andicken geeignet sind, gilt dies natürlich auch für eine Hollandaise, die oft kurz vor dem Servieren unter Creme und Fischsud gerührt oder in Fischvelouté verwendet wird.

Entbeinen und Tranchieren

Auf den nächsten Seiten geht es um die Techniken des Zerkleinerns und Säuberns von Fisch und um das Entbeinen und Tranchieren von Geflügel. Vielleicht meinen Sie ja, diese Techniken seien überholt oder zu schwierig.
Erstens sind sie einfach, und zweitens sind die Resultate umwerfend. Mit einem mittelgroßen Huhn kann man dann beispielsweise ein Gericht für 6 Personen anrichten. Zwei entbeinte Fasane reichen für 6-7 Personen. Aber zunächst zum Fisch.

GROSSE PLATTFISCHE IN STEAKS SCHNEIDEN
- Fisch säubern und auf eine Arbeitsplatte legen.
- Am Kopf einschneiden und am Rückgrat entlang bis hinunter zum Schwanz schneiden.
- Mit einer Schere die Rücken- und Bauchflossen abschneiden.
- Kopf abschneiden.
- Im rechten Winkel zum ersten Schnitt die Steakgröße nach Wunsch schneiden.

KLEINE PLATTFISCHE FILETIEREN
Jede Seite getrennt für sich:
- Am Rückgrat entlang einschneiden.
- Messer in den Einschnitt am Kopfansatz gleiten lassen.
- Das Fleisch mit dem Messer oberhalb der Gräten in mehreren Stücken abheben, bis es nur noch an Bauch und Rücken festsitzt und portionieren.
- Filets mit Messer oder Schere lösen.
- Zum Enthäuten das Fleisch am dünnsten Ende durch die Haut einschneiden. Das Filetstück gut festhalten, das Messer zwischen Fleisch und Haut entlangführen und die Haut langsam abziehen.

GROSSE LACHSARTIGE FISCHE
Bei diesen Fischen entweder
- den Bauch von den Flossen bis zum Schwanz aufschneiden oder
- Kopf und Flossen abschneiden und dann mit einem hakenförmigen Gegenstand die Eingeweide herausziehen.
- Entschuppen:
Fisch fest am Schwanz fassen und mit dem Messer im rechten Winkel zur Haut gegen den Strich abkratzen. Es ist ratsam, die Schuppen unter Wasser zu entfernen, um die Verschmutzung der Küche zu vermeiden.

Entbeinen von Geflügel

Das ist nicht schwer. Nehmen Sie sich genug Zeit. Am Anfang dauert es vielleicht eine halbe Stunde, später nur noch 5 Minuten. Dabei sollte auch berücksichtigt werden, daß entbeintes Geflügel weniger Zeit zum Kochen braucht und so saftiger bleibt.

1 Geflügel mit der Brust nach unten legen und einen langen Schnitt am Rückgrat entlang ziehen.

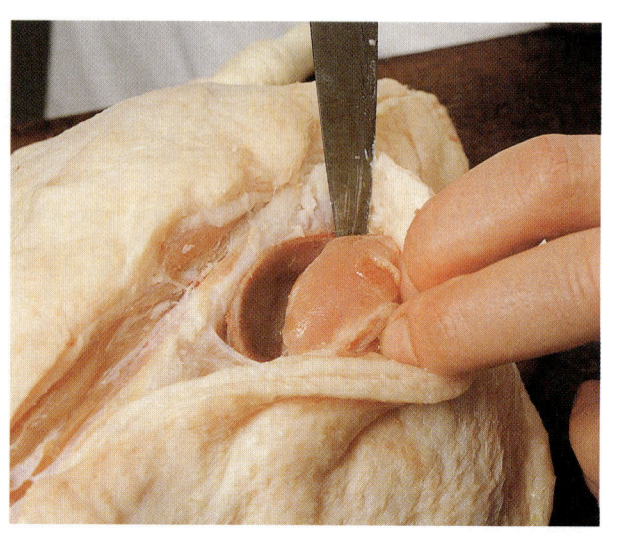

2 Die „Austern" suchen: zwei kleine Fleischstückchen, die eingebettet vor dem Beingelenk liegen. Aus dem Rücken herausschneiden. Beine ausrenken und Gelenke durchtrennen. Das Messer nah am Knochen entlangführen und die Haut von der Beckenumgebung lösen. Beine auf die Seite ziehen.

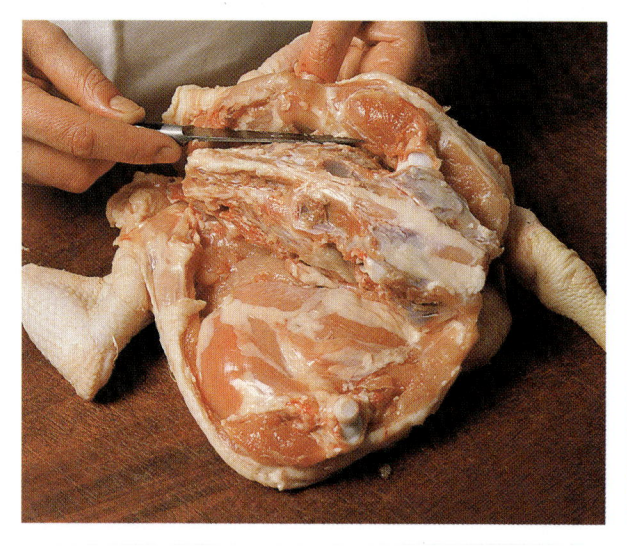

3 Auf beiden Seiten das Fleisch vom Rückgrat aus von den Rippen abtrennen. Bei den Schulterblättern das Messer unter die Haut gleiten lassen und vorsichtig Haut abheben, doch nicht einschneiden. Wenn die Haut von den Schulterblättern gelöst ist, kann man mit dem Finger unterhalb der Haut bis zu den Flügeln gleiten. Beide Flügel beim Gelenk abtrennen und dann am Brustkorb entlang weiterschneiden, bis die Rippenbögen freigelegt sind.

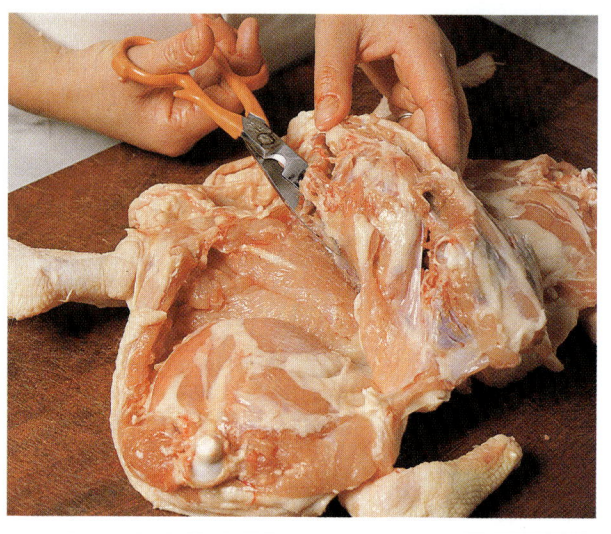

4 Mit einer Geflügelschere den Brustkorb wegschneiden, dabei aber den Brustknochen intakt lassen.

GRUNDREZEPTE UND TECHNIKEN

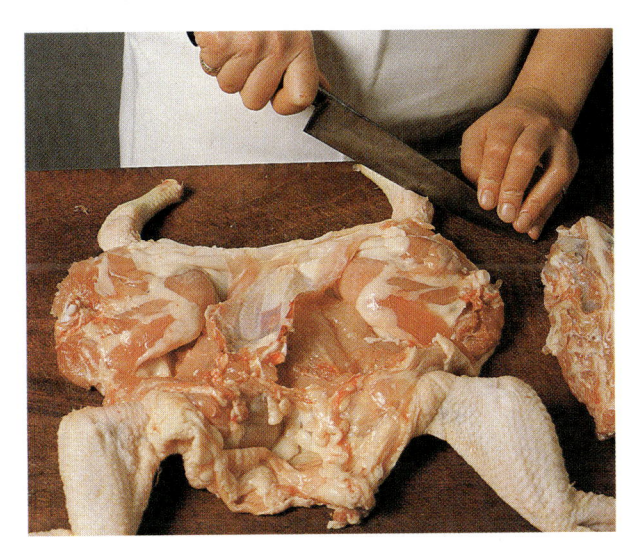

5 Die Beinknöchel rundherum einschneiden und die Sehnen lösen.

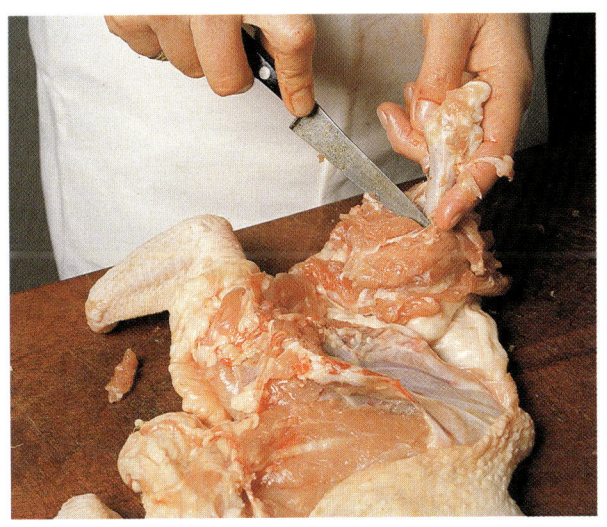

6 Mit dem Messer das Beinfleisch bis zum nächsten Gelenk herunterdrücken und so den Oberschenkelknochen freilegen. Dies am anderen Bein wiederholen.

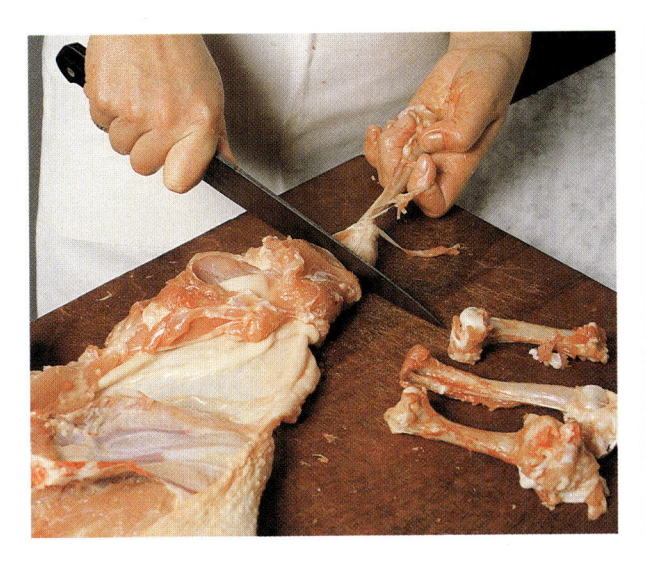

7 Ebenso an beiden Füßen verfahren und Füße abschneiden.

8 Flügelspitzen abschneiden.

9 Flügelfleisch hinunterschieben (wie bei den Beinen).

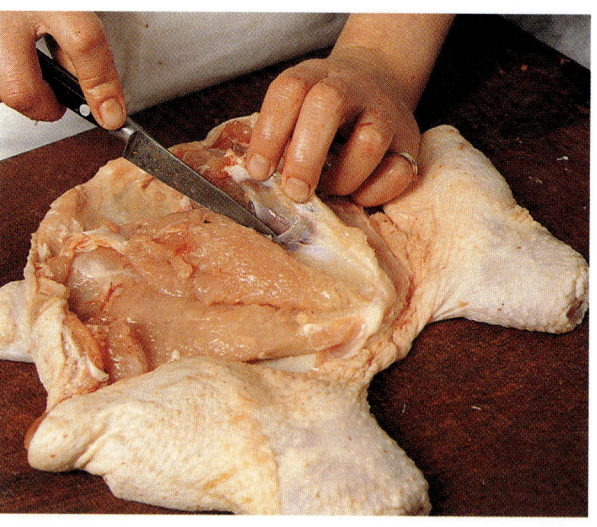

10 Brustknochen freilegen, indem man sich vorsichtig von der Mitte zum Schwanzende vorarbeitet.

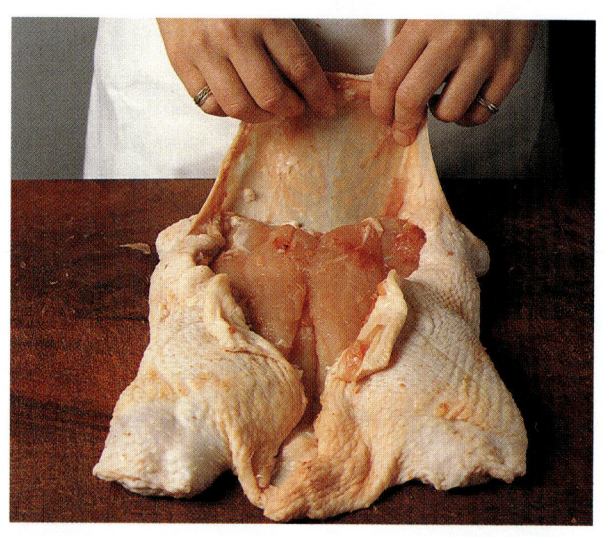

11 Das Geflügel ist nun entbeint. Zunähen oder mit Spießchen am Rückgrat wieder zustecken.

TRANCHIEREN VON GEFLÜGEL

■ Geflügel auf den Rücken legen, die lose Haut um die Beingelenke durchschneiden. Beine ausrenken und abtrennen. Füße abschneiden.

■ Das Huhn der Länge nach durchschneiden und dabei die Brust vom Rückgrat trennen.

■ Lose Fleischstückchen abschneiden und dann das Ganze im rechten Winkel zum Rückgrat in zwei Teile schneiden. Dabei auf den richtigen Winkel zum Rückgrat achten.

■ Den Brustteil mit Flügeln mit der Brust nach oben auf die Arbeitsplatte legen.

■ Die Messerschneide dicht an der höchsten Stelle des Brustbeins anlegen und die Brust durchtrennen. Das Messer muß dabei gerade stehen und bis hinunter zum Gabelbein durchschneiden. Gabelbein brechen und weiter schneiden.

■ Die Brust fällt nun vom Knochen ab. Der Flügel muß am Brustteil befestigt bleiben. Suchen Sie nun nach dem sichelförmigen Stückchen Fleisch, welches am Bruststück hängt (Mignon). Entfernen und beiseite legen (siehe Warmer Enten- und Hühnermignonsalat). Trennen Sie nun die andere Brusthälfte auf die gleiche Art ab.

■ Flügelspitze am letzten Gelenk abschneiden. Nun haben Sie 2 Brusthälften mit je einem Flügelstumpf.

■ Zum Schluß die Haut vom Flügel trennen. Sie haben nun 2 gute Hühnerbruststücke.

Schlußbemerkung

Eine Menge Unsinn wurde über die Kochkunst geschrieben. Wenn man den Journalisten Glauben schenken darf, sind die Chefköche kleine Möchtegern-Michelangelos. Der Grund ihres Daseins ist nicht Gastfreundschaft, sondern ästhetisches Experimentieren. Dies ist natürlich genauso eine journalistische Erfindung wie die Nouvelle Cuisine, oder „Neue Kochkunst". Dabei ist „Nouvelle Cuisine" unter den französischen Köchen eine schon seit über zweihundert Jahren bekannte Art zu kochen.

Leider gibt es zu viele Köche, die zu viele Zeitungen gelesen haben und deren Geschichten auch noch glauben. Demzufolge gehen die Preise hoch. Wenn Lachsklößchen als Kunstwerk deklariert werden, müssen wir dafür natürlich auch entsprechend bezahlen, und nicht nur für die Kunst, sondern auch für die Zutaten.

Schlimmer noch, diese Kunst wird uns als geheimnisvoll dargestellt. Das Gericht besteht nicht nur aus Zutaten und einem Rezept, nein, es ist angeblich mehr, etwas Feineres, etwas Höheres, etwas... ja, etwas für den Normalverbraucher Unerreichbares. In Wahrheit jedoch ist das Gericht vor uns nichts weiter als Rezept und Zutaten.

Und der Koch, der dieses Gericht heute für uns zubereitet hat, war früher vielleicht nicht einmal in der Lage, ein Ei zu kochen.

Register

Die französischen Bezeichnungen für die Rezepte sind kursiv gesetzt

A

À la Mâconnaise / à la Bourguignonne 41
Andicken 120
Apfelkuchen mit Vanillecreme 109
Apfelküchlein 105
Aprikosenkuchen 103
Aspik 24, 116
Au beurre noisette 42
Auberginen, gefüllte mit Knoblauch und Tomaten 84
Aubergines farcies à la Provençale 84

B

Backkartoffeln mit Tomate und Paprika 89
Béchamelsauce 115
Beefsteak Tartare 58
Beignets aux pommes 105
Beurre blanc 39
Beurre Manié 120
Bisque de crevettes 16
Blanchieren 20
Blätterteig-Mandel-Kuchen 104
Bœuf à la Bourguignonne 59
Bœuf en daube à la Marseillaise 60
Bœuf Stroganoff 57
Bohnen
– Dicke weiße Bohnensuppe à la Soissons 11
– Gebackene weiße Bohnen mit Ente à la Pèrigord 64
– Grüne Bohnen mit Knoblauch 79
– Weiße Bohnen mit Knoblauch und Tomate 82
Bohnensuppe, dicke, à la Soissons 11
Bouillabaisse 33
Bouillabaisse Marseillaise 33
Bouillon 118
Brathähnchen mit Estragon 49
Brathähnchen mit Speck und Hühnerleber gefüllt 47
Bratkartoffeln mit Zwiebeln 88
Bries, pochiert, im Zwiebelmantel 28
Brochettes de langoustines à l'estragon 37
Brunnenkressecremesuppe 13
Butter,
– in Suppen 11
– zum Andicken 120
Butternudeln mit Käse 99
Buttersaucen
– Gebräunte Butter- und Zitronensaucen 42
– Weiße Buttersauce 39

C

Cailles bonne maman 70
Canard à la Rouennaise 51
Canard aux navets 52
Cassoulet 64
Champignoncremesuppe 15
Champignons, siehe Pilze
Chicorée, geschmort 82
Choron 119
Chou rouge à la Limousine 77
Choucroute garnie 65
Confit de canard 50
Coq au vin 46
Cotelettes d'agneau madelon 61
Côtes de porc à la Normande 66
Côtes de porc Savoyardes 60
Côtes veau aux fines herbes 67
Couscous à l'agneau 63
Couscous als Schnellgericht 100
Couscous rapide 100
Crème au caramel 107
Crème aux champignons 15
Crème brulée 108
Crème capucine 15
Crème d'asperges 12
Cuisses de grenouilles sautées et persillées 31

D

Diepper Sauce mit Miesmuscheln und Garnelen 40
Dressing 120

E

Eier, zum Andicken 120
Eierspeisen 92-98
– Französisches Rührei 98
– Gebackene Eier in Rotwein 94
– Gebackener Rahmkäse mit Eiern und Schinken 95
– Gebratene Eier mit Kräutersauce 96
– Gebratene Eier mit Paprikaschoten und Schinken 97
– Kräuteromelett 93
Eierteig 105
Eis 111
Endives braisées 82
Entbeinen 121-124
Ente
– Ente mit geschmorten Steckrüben 52
– Ente à la Périgord 50
– Gebackene weiße Bohnen mit Ente à la Pèrigord 64
– Gebratene Ente mit Rotwein 51
– Warmer Enten- und Hühnermignonsalat 24
Entrecôte marchand de vin 56
Erbsen
– Frische Erbsen mit Kopfsalat, Zwiebeln und Petersilie 81
Escargots à la Bourguignonne 26
Escargots à la Chablisienne en feuilleté 27
Eßkastanien, geschmort mit Speck 83

F

Faisans à la crème 73
Fasan in Rahmsauce 73
Filet de boeuf sauté Stroganoff 57
Filetieren 121
Fisch 116, 118, 121
Fisch, Filetieren von 121
Fisch, pochiert mit Rotweinsauce, Champignons und Zwiebeln 41
Fisch, überbacken mit Tomaten und Brotkruste 38
Fisch und Fischsaucen 32-42
Fischbrühe 118
Fischsuppe, provenzalische 17
Flan au lait à l'Alsacienne 109
Fleisch- und Fischbrühe 118
Fleischgerichte 54-67
– siehe auch Rindfleisch u. Schwein
Foie de veau à la Lyonnaise 67
Französisches Rührei 98
Frische Erbsen mit Kopfsalat, Zwiebeln und Petersilie 81
Froschschenkel
– Sautierte Froschschenkel mit Petersilie, Butter und Zitronensaft 31

G

Gänsebraten mit geschmorten Zwiebeln, Eßkastanien und Champignons 53
Garnelen
– Garnelenspießchen mit Lorbeer und Estragon 37
– Miesmuscheln und Garnelen mit Diepper Sauce 40
Gâteau de pithiviers 104
Gebackene Eier in Rotwein 94
Gebackene Ofenkartoffeln 87
Gebackene weiße Bohnen mit Ente à la Périgord 64
Gebackener Rahmkäse mit Eiern und Schinken 95

Gebratene Eier mit Kräutersauce 96
Gebratene Eier mit Paprikaschoten und Schinken 97
Gebratene Ente in Rotwein 51
Gebratenes Lendensteak nach Weinhändlerart 56
Gebräunte Butter und Zitronensauce 42
Geflügel, Entbeinen von 122-124
Geflügelgerichte 44-53
Gefüllte Auberginen mit Knoblauch und Tomaten 84
Gefüllte Ofenkartoffeln 85
Gegrillte Lammkoteletts mit Geflügelgehacktem 61
Gelatine 116
Gelee 116
Gemüse
- Blanchieren 20
Gemüsegerichte 76-91
Geschmorte Eßkastanien mit Speck 83
Geschmorte Wachteln 70
Geschmorter Chicorée 82
Geschmorter Rotkohl mit Eßkastanien 77
Geschmorter Thunfisch à la Bordelaise 34
Getreidegerichte 99-101
Gibelotte de lapin 69
Glace 118
Glasierte Steckrüben 80
Gratin à la Savoyarde 91
Gratin Dauphinois 90
Gratinée de coquilles St. Jacques 35
Grillen 55
Grundsaucen, helle 115
Grundrezepte 114–124
Grüne Bohnen mit Knoblauch 79
Grüne Linsen mit Karotten, Zwiebeln und Knoblauch 78

H

Hähnchen in Rotwein mit Sahnesauce und Champignons 46
Hähnchen in Weißwein mit Tomaten und Champignons 48
Haricots blancs à la Bretonne 82
Haricots verts à l'ail 79
Hase in Weißwein mit Champignons 75

Hechtklöße in weißer Buttersoße 39
Helle Grundsaucen 115
Hollandaise 119
Hühnerbrust mit Walnußöl-Vinaigrette 45
Hühnerleber in Aspik 24

K

Kalbskotelett mit Kräutern 67
Kalbsleber mit Zwiebeln und Weißwein 67
Kammuscheln
– Überbackene Kammuscheln 35
Kaninchen in Rotwein 69
Karamelcreme 107
Karottensuppe, dicke, à la Crécy 10
Kartoffelgratin 90
Kartoffelgratin mit Zwiebeln und Käse 91
Kartoffeln
– Backkartoffeln mit Tomate und Paprika 89
– Gefüllte Ofenkartoffeln 85
– Porree-Kartoffelsuppe 14
Käse
– Butternudeln mit Käse 99
– Gebackener Rahmkäse mit Eiern und Schinken 95
– Kartoffelgratin mit Zwiebeln und Käse 91
Kastanien
– Geschmorte Eßkastanien mit Speck 83
– Geschmorter Rotkohl mit Eßkastanien 77
Knetteig 117
Kopfsalat
– Frische Erbsen mit Kopfsalat, Zwiebeln und Petersilie 81
Krabbencremesuppe 16
Kräuteromelett 93

L

La Glace 111
Lachsmousse in Gelee 21
Lamm
– Gegrillte Lammkoteletts mit Geflügelgehacktem 61
– Lamm-Couscous 63
– Lammtopf 62
Leber
– *Chasseur* 98

– Hühnerleber in Aspik 24
– Kalbsleber mit Zwiebeln und Weißwein 67
– Schweineleberterrine mit Weinbrand 22
– Warmer Mais mit Hühnerleber 25
Légumes à la Grecque 20
Lentilles à la Lorraine 78
Les foies de volaille en gelée 24
Lièvre à la forestière 75
Linsen
– Grüne Linsen mit Karotten, Zwiebeln und Knoblauch 78

M

Mandelmakronen 106
Marrons braisés au lard 83
Mayonnaise 119
Médaillons de chevreuil grillés au Calvados 71
Mehlschwitze 115
Miesmuscheln in Weißwein mit Petersilie und Schalotten 30
Miesmuscheln und Garnelen mit Dieppersauce 40
Moules à la Marinière 30
Mousse au chocolat 110
Mousse de saumon en chaud-froid 21
Mousseline 119
Muscheln, siehe Miesmuscheln

N

Nachspeisen 102-113
Navarin d'agneau 62
Navets glacés 80
Nouilles à l'Alsacienne 99
Nudeln
– Butternudeln mit Käse 99

O

Oeufs au plat Chartres 96
Oeufs brouillés 98
Oeufs en cocotte au vin rouge 94
Ofenkartoffeln, gebackene 87
Ofenkartoffeln, gefüllt 85
Oie à la Lyonnaise 53
Omelett
– Kräuteromelett 93
Omelette aux fines herbes 93

P

Pain moulé à la fermière 95
Pasteten 22
Perdreaux aux choux 72
Petits fours berrichons 106
Petits pois à la Francaise 81
Pigeons à la Bourguignonne 74
Pilze
– *Aux Champignons* 98
– Champignoncremesuppe 15
– *Chasseur* 98
– Putenbrust mit Oliven, Paprikaschoten und Champignons 50
Pipérade 97
Pochierflüssigkeit 116
Pochierter Fisch mit Rotweinsauce, Champignons und Zwiebeln 41
Pochiertes Bries im Zwiebelmantel 28
Poisson au mistral 38
Pommes à la boulangère 87
Pommes à la Hongroise 89
Pommes à la Lyonnaise 88
Pommes allumettes 86
Pommes farcies au four 85
Pommes frites 86
Porree-Kartoffelsuppe 14
Porreetorte 31
Potage parmentier 14
Potage Soissonais 11
Poulet grand-mère 47
Poulet Marengo 48
Poulet rôti désossé à l'estragon 49
Provenzalische Fischsuppe 17
Putenbrust mit Oliven, Paprikaschoten und Champignons 50

R

Rahm 11, 120
Rebhuhn mit Kohl 72
Rehmedaillons, gebraten mit Calvados 71
Reis mit Erbsen und gekochtem Schinken 101
Rindfleisch
– Gebratenes Lendensteak nach Weinhändlerart 56
– Bœuf Stroganoff 57
– Rinderschmorbraten in Rotwein 59
– Rindfleisch mit Oliven und Weinbrand 60

– Tatar 58
Ris de veau ou d'agneau dans son habit d'oignon rôti 28
Riz à la greque 101

S

Salade Niçoise 19
Salade tiède bressane 25
Salade tiède des mignons de volaille et de canard 24
Salat
– nach Nizzaer Art 19
– Warmer Enten- und Hühnermignonsalat 24
Sauce dieppoise 40
Saucen 119
Sauerampfer- oder Spinatsuppe 13
Sauerkraut Elsässer Art 65
Sautierte Froschschenkel mit Petersilie, Butter und Zitronensaft 31
Schinken
– Gebackener Rahmkäse mit Eiern und Schinken 95
– Gebratene Eier mit Paprikaschoten und Schinken 97
– Reis mit Erbsen und gekochtem Schinken 101
– Überbackene Schweinekoteletts 60

Schlagteig 105
Schwein
– Sauerkraut Elsässer Art 65
– Schweinekotelett mit Sahne und Äpfeln 66
– Schweineleberterrine mit Weinbrand 22
Seezungenfilet mit Champignons in Weißwein 36
Sole bonne femme 36
Sommergemüse auf griechische Art 20
Sorbet au citron 112
Soupe à l'oignon gratinée 9
Soupe à l'oseille ou aux epinards 13
Soupe Crécy 10
Soupe Cressonière 13
Soupe de poisson provençale 17
Spargelsuppe 12
Spinatsuppe 13
Steckrüben
– Ente mit geschmorten Steckrüben 52
– Glasierte Steckrüben 80
Suppen 8-17
Suprême de dinde à la saxe 50
Suprêmes de poulet à la vinaigrette de noix 45

T

Tarte aux abricots 103
Tarte aux poireaux 31
Tatar 58
Tauben mit Zwiebeln, Speck und Champignons 74
Techniken 114-124
– Blanchieren 20
– Entbeinen 121-124
– Grillen von Fleisch 55
– Andicken 120
– Tranchieren 121
Teigherstellung 117
Terrine de foie de porc 22
Thon à la Bordelaise 34
Thunfisch
– Geschmorter Thunfisch à la Bordelais 34
Tranchieren 121-124

U

Überbackene Kammuscheln 35
Überbackene Schweinekoteletts 60
Überbackener Fisch mit Tomaten und Brotkruste 38

V

Vanillecreme mit Karamelhaube 108

Veloutés 115
Vinaigrette 120
Vorspeisen, kalt und warm 18-31

W

Wachteln, geschmort 70
Warmer Enten- und Hühnermignonsalat 24
Warmer Mais mit Hühnerleber 25
Weinbergschnecken in Blätterteig 27
Weinbergschnecken mit Knoblauch- und Petersilienbutter 26
Weiße Bohnen mit Knoblauch und Tomate 82
Weiße Buttersauce 39
Wie man Fleisch grillt 55
Wildgerichte 68-75

Z

Zitronensorbet 112
Zubereitung von gegrilltem Fleisch 55
Zwiebelsuppe, überbacken 9